ドナ・シャーマン
西尾温文他［訳］　松下弓月［監訳］　島薗　進［監修］

Never the Same

Coming to Terms with the Death of a Parent

Donna Schuurman

親と死別した子どもたちへ

ネバー・ザ・セイム　悲嘆と向き合い新しい自分になる

佼成出版社

NEVER THE SAME

Published by arrangement with St. Martin's Publishing Group
through Tuttle-Mori Agency, Inc., Tokyo.

親と死別した子どもたちへ

——ネバー・ザ・セイム　悲嘆と向き合い新しい自分になる——

オレゴン州、ポートランドにあるダギー・センターでのグリーフの集い
恐れずに前に進もうと、ここに集まった子どもたちや家族に、本書を捧げる

この世に生を授けてくれ、さまざまな難題を乗り越える力を与えてくれた私の両親、Clare R. May と Charles W. May に心からの感謝を述べる。本書を天に召された父に読んでもらえなかったことだけが心残りである。

この本で私が何を読者に伝えたいかを明らかにしてくれた友人、家族、セラピストや同僚たちにも感謝を述べたい。あなた方はまさに私の先生です。なかでも以下の方々へ心からの感謝を伝えたい。Anne Avery, David and Julia Bennett, Don Bennett, Gwyneth Gamble Booth, Kellie Campbell, Ann and Brian Carlton, Sharrin Chandler, Beverly Chappell, Lynne Ann DeSpelder, Linda Fritz, Linda Goldman, Stephen Guntli, LaVone Hazell, Mary Hochstetler, Cheryl Hollatz-Wisely, Michael Hubbard, Marylyn John, Earl Laman, Susan Leo, Betty May, Bradley William May, Stephen Charles May, Christine Phyllis MacClave, Lexi Parrott, Barbara Paul, Julie Rushton, Richard and Ann Schuurman, Richard J.Schuurman, Joan Schweizer-Hoff, Izetta Smith, Don Spencer, Albert Lee Strickland, Cole Struhar, Anne Sweet, Diane Syrcle, Michele Weiner-Davis, Cynthia White, and Fran White.

編集者の Julia Pastore、彼女と一緒に仕事ができて楽しかった。心からの感謝を述べる。

親と死別した子どもたちへ——ネバー・ザ・セイム　悲嘆と向き合い新しい自分になる——

目次

装画・挿絵　オガサワラマサコ
装丁　本田　進

凡例

＊原著本文における斜体の語には傍点を付し、太字により強調された語は太字で表記した。また、会話文などは「　」で括った。

＊原著註は（1）（2）と算用数字で表記し、訳註は（一）（二）と漢数字で表記した。訳註の末尾における（M）は松下、（N）は西尾による執筆であることを示す。

はじめに

もしあなたが十八歳になるよりも前に、両親のひとり、またはふたりをともに亡くされていたのなら、この本はあなたと、大切なあなたのことを理解したいと思っている方たちの助けになるはずです。親を亡くすことがいかに衝撃的な出来事だったかを思えば、確信を持ってわたしに言えることはひとつしかありません。あなたが親の死を「乗り越える」(get over)ことなどけっしてない、ということです。あなたはもう、「以前のあなたとは同じではいられない」(Never the Same)からです。あなたの人生は、親が生きていたらたどったであろう人生とは違ったものになってしまいました。もしいまも親が生きていたのなら、良かれ悪しかれその影響を受けて、いまとは違う人生を歩んでいたはずです。

ちょっと待って、とあなたは言うでしょう。「親がいなくたって大丈夫。斧をもった殺人鬼にも、連続レイプ犯にもならなかった。お金を横領したこともないし、まっとうな◯◯になった」と(◯◯には、人間・夫や妻・親・友人・恋人など、どれでもあなたに当てはまるものを入れてください）。

それでも、これまでにもし親が死ななかったら自分の人生はどうなっていただろうとか、自分はどんな人間になっていただろうかと考えたこともあったのではないでしょうか。

親が亡くなってから、これまでにいちどでも、こんなふうに考えたことはありませんか？

・何かが違うように感じる。
・自分がどんなことを経験してきたのか、誰にも理解してもらえないと思ったことがある。
・自分自身が何に耐えてきたのか、そこからどんな影響を受けたのか、**自分でも**、よくわからない。
・親の死が自分や家族に与えた影響に、きちんと向き合ってこなかったような気がする。
・バラバラになった人生のパズルピースをつなぎあわせて、自分をもっと理解したり、成長したいと思ってきた。

あなたがいま、たとえ何歳でも（二十五歳でも、四十五歳、もしくは六十五歳でも）、もし親を亡くしたのが子ども時代（二）だったのなら、これまであなたのまわりにいた大人たちも、この痛ましい出来事にどう触れたら良いのか見当もつかなかったのではないでしょうか。親を亡くしたあと、子どもたちの多くは本当のことを教えてもらえないという経験をすることがあります。このような秘密のベールがかけられるのは、別に大人たちが何か陰謀を企んだからではありません。ほとんどの大人たちはただ単に、喪失を経験した子どもをどう扱ったら良いのか、わからないだけなのです。

それまでのタブーが完全に破られたとまでは言えませんが、アメリカで少なくとも公に死について語ることができるようになったのは、エリザベス・キューブラー＝ロス（Elizabeth Kübler-Ross）[二]が、革新的な取り組みを始めた一九六〇年代以降のことです。さらに死に関して子どもを話題に挙げたり、子どもたちが喪失からどんな影響を受けるのかということについて真剣な議論が交わされるようになるまでにはさらに時間が必要でした。死や死ぬこと（death and dying）の専門家を含めたとしても、一九八〇年代半ばまで待たなくてはならなかったのです。それから約二十年のあいだに様々な進歩がありましたが、いまだ長い道のりが残されたま

（一）原文では“a child or teenager”となっているが、日本語の十代とティーンエイジャーでは対象とされる年代に異同がある。そのため本書ではどちらも含むものとして「子ども」または「子ども時代」と訳出した。（M）

（二）エリザベス・キューブラー＝ロス（Elizabeth Kübler-Ross, 1926-2004）はスイス出身、アメリカの精神科医。一九六五年にシカゴ大学リビングズ病院で、シカゴ神学校の学生の依頼を受けて終末期の患者に対するインタビュー研究を始める。その経験をもとにした五段階の死の受容プロセスがよく知られている（E・キューブラー・ロス、鈴木晶訳『死ぬ瞬間――死とその過程について』中央公論社、二〇〇一年。原著は三九頁の註（1）参照）。（N）

までです。

この本を書くきっかけとなったのは、アメリカのオレゴン州ポートランドにある「ダギー・センター」と呼ばれる、全米遺児遺族のためのグリーフサポートセンター（The National Center for Grieving Children & Families）で常任理事として働いてきた経験です。ダギー・センターでは、アメリカではじめて、家族を亡くした子どもたち、そしてその親や養育者のための集団ピアサポート（三）のプログラムを提供しています。一九八二年の設立以来、これまでに一万二千人以上の親やきょうだいを亡くした子どもがこのプログラムに参加してきました。

参加する子どもの多くは、両親のどちらか片方を亡くしています。父親を亡くした子どものほうが多いのですが、その理由のひとつは人口動態的な要因です。ある一定の年齢の集団では、女性よりも男性の死亡数のほうが多いからです。もうひとつの要因は、私たちの社会の価値観です。ひとに助けを求める行動は、男性よりも女性がする場合のほうが受け入れられやすいのです。そのため、パートナーを亡くした父親は、同じ経験をした母親よりも、社会の価値観の影響を受けてまわりのひとに援助を求めることに抵抗を感じやすく、ダギー・センターのような場所にも参加しづらいのです。

ダギー・センターのプログラムでは、子どもの年齢、誰を亡くしたか、どんな亡くなり方をしたのかによってグループをいくつかに分けています。三歳から五歳までの幼児グループ、六歳から十二歳までの児童グループ（六歳から十四歳までのグループになることもあります）、そして十三歳から十九歳までの若者のグループがあります。グループのなかには、自殺や殺人、急死や長患いのあとの死など、特定の形の死を扱うものもあります。さらに、複数の喪失を経験した子どものためのグループもあります。それぞれのグループは二週間に一度集まって、九十分の活動を行っています。

子どもたちが活動に参加しているあいだに、パートナーを亡くした親や養育者のためのグループも同時に開かれます。子どもと大人のグループは普段は別々に活動していますが、年に何度かは一緒に集まって、いま自分たちが回復の道のりのどこにいるかを確認する機会を持つようにしています。

子どものなかには、親と縁が切れたり、親が養育できなくなった子もいます。そのため里親や親権を持つ養育者、または親権者から許可を得た別の大人が一緒に参加することもあります。当然ながら、死が訪れる前にすべての家族が幸せであったり、うまくやれていたわけではありません。センターに来る家族の社会経済的な階層や教育水準は様々ですが、家族を亡くすとい

（三）　ピアサポート（peer support）のピアとは仲間のこと。同じような経験や症状を持つひとたちが、お互いを支え合うことを言う。（N）

う経験が共通点となっているのです。

ダギー・センターのプログラムは参加無料ですが、政府の援助や、健康保険の適用は受けていません。センターの活動は、多くの個人、企業、基金の支援によって運営されています。

要望に応え、センターでは死別を経験した子どもの支援に取り組む個人や団体、そして地域のためのトレーニングプログラムや、役立つ情報の提供にも取り組んでいます。このプログラムを受講された方たちの手で、これまでに全米各地、カナダ、オーストラリア、日本、ドイツなどの国で百三十以上[四]のプログラムが展開されてきました。こうしたプログラムの一覧や資料は当センターのウェブサイト（http://www.dougy.org）でご覧いただけます。

ダギー・センターの活動の特徴は、家族が必要と感じる限りいつまででもプログラムに参加できるという点にあります。これは治療期間の短縮を重視する現在のアメリカの医療制度に対して、はっきりとした異議を唱えている点です。これまで、プログラムに六ヶ月参加された方も、三年以上参加された方もいました。このような仕組みの背景には当センターが理念としている考えがあります。私たちは、一人ひとりの喪失経験がまったく異なるのだから、一定の回数や回復までの想定期間を設けて、それを押し付けるようなことはできないと考えています。私たちの知る喪失とは、六週間のプログラムで解決されるようなものではありません。

そもそもダギー・センターのような場所が求められるということ自体、幸せなことではありません。それは私たちの社会が、子どもにも大人にも、喪ったものを悲しみ、癒やしを得るための安全な場所を提供できていないことの裏返しだからです。

例えば、大切なひとを亡くしたとき、私たちの社会で一般的に認められているのはわずか三日間の忌引休暇だけです。そのあと職場に復帰しても、たいていはよそよそしい態度を取られるだけです。

子どもたちの場合は、学校に戻って友だちと顔を合わせたときに、何かが変わってしまったことに気づきます。そして、世界が取り返しのつかないほどに変わってしまったと知りながら、そこに戻っていくことは、子どもたちにとって打ちのめされるような出来事にもなりうるのです。特にまわりの大人たちが、その子にどう声をかけたら良いか、どう支えたら良いかわからない時にはなおさらです。

（四）著者によれば、二〇一九年現在で五百プログラムを数えるまでになったという。（N）

ダギー・センターの創設者で、元看護師のベバリー・チャペル（Beverly Chappell）[五]が、喪失を抱えた家族が集まってお互いに自分たちの気持ちや経験を分かち合うことのできる安全な場所の設立計画をはじめて思い立ったとき、彼女は医療や精神衛生の専門家からの抵抗に遭いました。ある著名な小児科医は「私たちは誰にも患者の頭のなかをかき乱すようなことはして欲しくない」と言いました。別の専門家は、一般論を持ち出して話を終わりにしようとしました。「子どもには自ら立ち直る力が備わっている。だからいつか自分たちで乗り越えていく」のだ、と。

確かにひとには生まれ持った回復力があり、多くの子どもがとてつもないレジリエンス[六]を見せるということは私自身も信じています。でも、あらゆる子どもが親の死を「乗り越える」（get over）などという考えには賛成できません。ひとはただ、親の死という困難な出来事を切り抜けていく（もしくは切り抜けられない）のです。変わってしまった環境に適応し、前に進み、つまずきよろめきながら、なんとかやっていく方法を見つけるのです。でも、けっして乗り越えたりはしません。喪失は、あなたを永遠に変えてしまうのだから。

多くの子どもたちは困難な状況から驚くべき力で立ち直っていきます。ですが、そのような力が何もないところから自然と湧き出てくるわけではありません。時薬《ときぐすり》という言葉はよく知られていますが、時間がすべての傷を癒やすわけではありません。傷を癒やすためには、適切な手当が欠かせません。例えば、傷の状態を気にかけなくてはなりません。患部を清潔に保ち汚れや細菌から守ります。ときには包帯を巻き、ときには包帯をほどき風に当てることも必要です。適切な手当と気づかいがなければ、傷は化膿し、細菌に感染してしまいます。その痛みと傷跡はいつまでも消えないでしょう。これは身体の傷でも、心の傷でも同じだと私は信じています。

子どもには生まれ持ったレジリエンスがあり、困難な状況を乗り越え、トラウマ的な出来事をも「乗り越える」ことができるという考え方にもいくらかの真実があります。ですが、のちに見ていくように、近年の研究によれば、この言葉をすべての子どもに当てはめるのは間違っていることが、ますます明らかになってきました。元気を取り戻した子どもや、取り返しのつ

（五） ベバリー・チャペル（Beverly Chappell, 生年不詳）は、アメリカの看護師。小児腫瘍科で働いていた際に、脳腫瘍のため十三歳で亡くなった少年ダギー・トゥルノの支援に関わる。その経験に触発され、自らの自宅で悲嘆を抱えるひとのサポートグループを立ち上げ、一九八二年にはダギー・センターを設立する（Goldman, G. (2015). Supporting Grieving Children. In Stillion, J. M. & Attig, T. (Eds.), Death, dying, and bereavement: contemporary perspectives, institutions, and practices (pp. 275-292). New York, NY: Springer.）。著書に Chappell, B. (2007). Children Helping Children With Grief: My Path to Founding The Dougy Center for Grieving Children and Their Families. Troutdale, OR: New Sage Press. がある。（N）

（六） レジリエンス（resilience）は、日本語では「回復力」や「弾力性」とも訳される。さまざまなストレスにさらされたときに、短期的には落ち込んでもそこから立ち直り、健康的で適応的な状態を取り戻していく力や、その過程のこと。（N）

かないことになりえた状況を克服した子ども、そしてレジリエンスを発揮してつらい状況に打ち勝った子どもには、共通する個人の特性や環境があったのです。同じく、レジリエンスを発揮できなかった子どもにも共通点がありました。

この本を書こうと思った理由はもうひとつあります。それは私がこれまで何年にもわたって子どもの頃に親をがんや、自動車事故、自殺、事故や殺人で亡くした何百人もの大人たちと話してきたからです。飛行機で席が隣になり、仕事の話をしているうちに偶然、話題にのぼったこともあります。それ以外にも、パーティー会場やわたしの講演会でお会いしたときにも、もちろんダギー・センターでも話してきました。

ダギー・センターのボランティアのおよそ半数は、子どもの頃に親を亡くした経験のある方たちです。そのときにダギー・センターのような場所があったら良かったのにという気持ちから、自然とボランティアをしたいと思うようになったそうです。

一九九二年に米ABCテレビの報道番組で十七分間にわたってダギー・センターが取り上げられたことがあります。それからの一週間、センターの六人のスタッフは二千本を超える電話の問い合わせと全国から八百通を超える手紙の対応に追われました。手紙の多くは、十年前、二十年前、あるいは三十年も前に親を亡くした方たちからのものでした。手紙では誰もが、親を亡くしたときにダギー・センターのような場所に行くことを、どれほど望んでいたのか書き綴っていました。なかには手書きで十ページ、ときには二十ページにもわたって、すべてを変えてしまった出来事のあとで家族がどうなったのかを切々と吐露しているものもありました。

こうした子どものころに親を亡くした大人たちの経験を聞くうちに、この本で書くべきテーマが見えてきました。そのときに何が起き、どう感じたのかを語るその方たちの話し方には、いくつかの重なり合うパターンがあったのです。しかし、そのことを本にまとめるのは、大変な挑戦でした。というのも、私は誰の経験も唯一無二のものであると信じているのに、それでもその共通点について書かなくてはいけなかったからです。

親を亡くすというあなたの経験と同じ経験をしたひとは、この世界にひとりもいません。たとえ、あなたのきょうだいでも、同じ経験をしたとは言えません。なぜなら、年齢、性別、心身の成熟度。そして亡くなった親や遺された親、友だち、その他にも、援助者との関係性。これらのすべてが、あなた独自の物語を形作るからです。

親を亡くしてから、あなたには新しく作ったつながりも、失ったつながりもあるでしょう。新しい思い出も失った思い出もあるはずです。そしてあなたは、親の死の意味を抱えながら、その死に深く影響された人生を生きてきたことと思います。死の意味や、あなたがこれまでしてきた行動には、自分自身で考えたり、カウンセラーや友だち、家族と話し合うことで理解してきたものもあるでしょう。しかし、なかには、まだはっきりとしていない部分や、思い出さないようにしていること、それから単にまだいちども考えたことのないこともあるかもしれません。

私たちには誰しも、意識しないようにしている領域というものがあるものです。あまりに苦痛なこと、混乱してしまうこと、もしくは苦痛と混乱の両方を引き起こすことはしばしば無意識に追いやられてしまいます。

私たちは、自分自身のことを完全に、すべて知り尽くすことは不可能です。劇作家のオスカー・ワイルド（Oscar Wilde）が「考えの浅いものだけが、自分を知っていると思い込む」（Only the shallow know themselves）と言った通りです。ですが、人生にどこまで主体的になり責任が取れるようになるのかは、それまで経験してきた出来事から受けた影響を、どこまで意識できるかにかかっています。

この本を書くため、私はこれまでに子どもの頃に大切なひとを亡くしたたくさんの大人にインタビューをしてきました。それ以外にも、一九八六年に仕事をはじめてから喪失を抱えた何千人もの子どもと接し、一般向けのものも学術的なものも含めて多くの書籍や雑誌を読み、カウンセリングの博士号も取得しました。でも、私はまだ、あなたと直接話し合ったことがありません。ですから、この本に書かれたことには、あなたに関係のあることも、ないこともあるでしょう。この本を読むときには、書かれていることをご自分で選別し、当てはまると思ったものだけを取り入れるようにしてください。自分が何を必要としているのか、それをいちばんよく知っているのはあなた自身だからです。

もしかしたら、あなたには親との死別経験はないかもしれません。でもそれなら、大切な誰かを亡くしたひととのつながりをお持ちなのではないでしょうか。これまでの旅行や研修でこの本のテーマについて話したときには、たくさんの方が自分の夫、妻、パートナー、友だちが、子どもの頃に親を亡くした経験からいかに強く影響を受けているのかを語ってくれました。

この本は、パートナーや友だちのことをもっと理解し、支えたいと思っているあなたにとっても役に立つはずです。もしあなたが大切なひとのためにこの本を読もうとしているのなら、あなたはきっとその方たちが歩んでいる旅で、とても大切な役割を果たすことができるでしょう。もしその方に経験を分かち合ってみないかと誘ってみたら、それは生まれてはじめてのことかもしれません。そして、あなたはその方がはじめて親の死について話すことを選んだ相手になるかもしれないのです。その際には、語られたことを評価したりはせずに、ただその方の話に耳を傾けてみてください。それがあなたにできるいちばんの贈り物になるはずです。

もしあなたが、自分のためにこの本を読んでいるのなら、これからこんな経験をされるでしょう。

・親を亡くした子どもと若者に共通する経験を知り、自分自身の経験に新たな気づきを得る。
・親の死があなたの発達にどのように影響したのか、そしてあなたがたどってきた発達が、これからのあなたの人生にどのように影響し続けていくかを探究する。
・健全に悲しむために何が必要か、そしてそれを手にすることができなかったときにどうなるかを知る。
・あなたの人生が親の死に影響を受けており、これからも影響を受け続けていくということについて深く考え、理解し、それを受け入れていく。
・あなたの人生の失われたピースとのつながりを回復し、いまよりももっと健康的で生産的で充実した、穏やかな人生を送れるようになる。

それではこの章の締めくくりに、左記の設問に答えてみてください。あなたの経験と、それがあなたの人生にどのように影響したか、理解を深めることにきっとつながるはずです。

あなたに当てはまるものはどれ？　親との死別後の経験に関するセルフチェック

子どものころに親を亡くしたひとと、あなた自身の経験を比べるワークです。左記の項目からあなたに当てはまるものにチェックを入れてください。

□ 親が亡くなったとき、誰もわたしを話し合いに参加させなかったし、何が起きたのかすべてを完全に説明してくれなかった。
□ 親が亡くなってから長いあいだ、自分はひとりぼっちで、孤立しているように感じた。
□ 親の死後、何ヶ月間も家族やまわりの大人は亡くなった親のことを一緒に話し合おうとはしなかった。
□ 家族はいまも、亡くなった親のことをあまり話さない。
□ 親が亡くなってからずっと、何かが変わってしまったと感じている。
□ すべてを包み隠さず教えてくれるひとが誰もいなかった。実際、まだ答えてもらっていない疑問や、知らないことがたくさん残ったままになっている。
□ お葬式や慰霊の場、お墓参りなどに行くかどうか、自分で選ばせてもらえなかった。
□ 土葬と火葬のどちらを選ぶか、どこに埋葬するか、どのような葬祭サービスを利用するか、供養に参加するか、「遺体の処置」をどうするのかなどについて、自分の気持ちを語る機会を与えてもらえなかった。
□ みんなのために、強くならなきゃいけないと感じた。
□ 学校に行くのがつらかった。

□長期休暇や親の命日が近づくと、つらいときがたくさんあった。
□いまも、長期休暇や親の命日になるとつらい。
□当時は、親が亡くなったことについてほとんど誰とも話さなかった。
□親の死が自分にどう影響したのか、大人になってからもひととあまり話したことがない。
□生きている親を「守るため」、亡くなった親のことに触れないようにした。
□子どもの頃、そして大人になってからも時々、親の死に自分が関わっているのではないかと感じることがある。
□自分以外に親を亡くした子どもをほとんど知らない。
□親の死の原因となる何かを、したりしなかったことを理由に、自分を責めたことがある。
□自分がおかしくなってしまうのではないかとか、自分はどこかおかしいのではないかと感じたり、疑ってしまうような経験をしたことがある。
□親が亡くなったときの記憶に、いまも霞がかったように曖昧になっているところがある。
□その曖昧なままになっていることについては、長いあいだ忘れようとしていたし、考えないようにしてきた。
□命日が近くなっても、家族で何かをすることはあまりなかった。
□親が生きていたら、いったいどうなっていただろうと時々考える。

□　大人になってからあるとき、親の死が自分の人生に大きく影響を与えていることに気づいた。
□　大人になってからの人間関係が、親の死に対する自分の反応の仕方にどこか影響を受けていると感じる。しかし、それがどのような影響なのかはっきりとはわからない。

採点

それでは、設問項目にいくつチェックがついたか数えてみましょう。チェックの合計数は、以下のようなことを示しています。

〇～五個――

この本を書くべきなのは、あなただったのかもしれません。冗談ではありません。もしこの二十五個の質問が一つも当てはまらなかったとすれば、それはとてもめずらしいことなのです。あなたのまわりの大人たちは、親の死の影響からあなたをとてもうまく守ったのでしょうし、あなた自身も大人になってから大切な心の課題に取り組んできたのだと思います。

それとも……、何か見ないようにしていることがあるのかもしれません。どちらにせよ、ぜひこの本をお読みください。たとえそれが、どれだけ物事がうまく運んできたのか確認するだけだったとしてもです。

六〜十個――

親を亡くしたとき、あなたにはたくさんの支えがあったのでしょう。それに、親の死から受けた影響も、かなり解決してきたと感じられているのではないでしょうか。ここではあなたは少数派です。でもまだ、どこかに足を踏み入れたことのない道が残されているかもしれません。

十一〜十五個――

親の死が子どものあなたにどんな影響を与えたのか、取り組むべき課題が何かということについて、あなたは混乱されているようです。とても大切な道がまだ手付かずのまま残されています。この本に書かれていることを活用すれば、自分により自信を持ち、まわりの方との関係をより良いものに変えることができるはずです。

十六〜二十個――

この本はあなたにとても役立つはずです。他のひとの経験に耳を傾け、あなたにとって親の死がどんな意味を持つのか探索してみてください。あなたはひとと親密な関係を築くことに難しさを感じたり、自分の内側で何かがうまく機能していないと感じているのではないでしょうか。

二十一〜二十五個――

これから数日間、予定していたあらゆることを中止して、ひとりになる時間をなんとか作ってください。そして、この本を読んでください。きっと物事を良いほうに大きく変える助けになるはずです。あなたのまわりの方たちとの人間関係が良いものになるかどうかは、あなたの自分自身との関係が、どのようなものなのかにかかっています。そして、あなたにはまだ手付かずのままになっている、とても大切なあなたの一部があるはずです。

たとえ、どれほど多くの設問があなたに当てはまっていたとしても、このことだけは忘れないでください。あなたがいまこの本を読んでいるのは、あなたにその準備ができているからです。親の死を経験したことで、あなたの人生の道筋は良い方向にも、そうではない方向にも変わってしまいました。

親を亡くしたことで、あなたは同世代のひとよりもはるかに早く、大人になるように迫られました。でもその結果として、人生における大切なものを知り、そして大切なひとたちがどれほどたやすく奪い去られてしまうのかを理解するという、とても深い智慧を得たのではないでしょうか。

親を亡くすという出来事そのものが、人間関係に悩んだり、抑うつや不安、罪悪感や恐怖と闘うよう私たちに強いるわけではありません。それでも、もし子どもや若者だった頃に、自分の心の内側やまわりで起きていることがなんなのか理解できなかったとしたら、あなたのなかには知らず知らずのうちに自分をコントロールしている無意識の領域がいまもあるのです。

いま大切なのは、親を亡くしたという事実だけではなく、あなたが親の死をどのように理解したのか、ということなのです。

第１章

感情——悲嘆の段階説は忘れよう

理論はよく学べ、
しかし、生ける魂の現実に触れたとき、
理論は脇に退けるべきである。
——カール・ユング（Carl Jung）[一]

悲嘆[二]や喪失に関する本を開くと、悲嘆の段階説や位相説、課題説について書かれていることがあります。必ずしもあなたの経験とぴったり一致しないかもしれませんが、理論とは大切な方を亡くしたひとがどのような経験をしているか、そこに共通しているものが何かを専門家が明らかにしようと試みたものです。発達心理学者のエリク・エリクソン（Erik Erikson）[三]が「未知なるものにジャブを打つ」と言ったように、理論はまだよくわからないことを知るための小さな一歩なのです。

臨床家や教育者が理論やモデルを作るのは、多くのひとが経験する一般的な基準がわかれば、それと比較することで自分のことをもっと理解できると考えるからです。自分の反応は「普通」だから大丈夫そうだ、と知ってもらうことが目的なのです。特に、死別を悲しむ子どもには、この「普通かどうか」という基準はとても大切です。というのも、そうした子どもたちが何より恐れるのは、自分はひとと違うのではないかということだからです。あなたも少し振り返ってみてください。親を亡くしたとき、なぜだか自分はひとと違うと感じたことはなかったでしょうか？

事実、あなたはひとと違っていました。何も悪いことはしていないのに、まったく見知らぬ恐ろしい世界に突然放り込まれてしまったのですから。あなたが対処しなければならなかった

（一）カール・ユング（Carl Jung, 1875-1961）は、スイスの精神科医。ジグムント・フロイトと知り合い、アルフレッド・アドラーらとともに国際精神分析学会を創設し、その初代会長となる（一九一〇年）。しかし、その後フロイトから離反し、分析心理学を創始した。（N）

（二）悲嘆（grief）とは、喪失を経験した際に生じる身体的・感情的な反応のこと。ここで言う喪失（loss）とは、大切なひととの死別だけでなく、所有していたもの、住み慣れた家などの環境、自らの身体の一部などを失ったり、別れたりすることも含まれる非常に多岐にわたる概念である。本書ではなかでも特に、親との死別（bereavement）を経験した子どもの悲嘆を扱っている。その他にも、葬儀や慰霊などの儀礼的行為によって悲嘆を公に表明することを喪（mourning）と言う（坂口幸弘『悲嘆学入門――死別の悲しみを学ぶ』昭和堂、二〇一〇年）。（M）

（三）エリク・エリクソン（Erik Erikson, 1902-1994）は、ドイツ出身のアメリカの心理学者・精神分析家。ひとの自我発達が生涯全体に渡って続くものと考え、誕生から死までの自我発達過程を八つの発達段階に分類したライフサイクル論を提出した。（M）

のは、自分自身の喪失感やよりどころのなさだけではありませんでした。友だち、家族、近所のひとたちの、まったくの別人を見るかのような視線にも対処しなくてはならなかったのではないでしょうか。

みな、あなたにどう接したら良いかわからなかったのです。あなたがいままでどおりにして欲しいと望んでいたとしても、それはとても難しいことでした。起きてしまったことに触れたら、あなたを傷つけ嫌な気持ちにさせるのではないかと、誰もが恐れていたのです。家族も自分の喪失に向き合うことに精一杯でした。そうしたいと思っていたとしても、あなたのことまで考える余裕がなかったのです。そんな状況のなか、あなたはただすべてがもういちど元通りになるよう願うしかなかったのです。

ところで、「普通」とはいったいなんでしょうか？ 理論がいくらか役に立つのはこのようなときです。理論は、同じ経験をしたひとと自分を比較して、いま自分がどこにいるのかを理解するために作られるものなのです。それ以外にも、いつサポートグループや、専門家のカウンセリングを利用したら良いかがわかるかもしれません。

しかし、いまは理論があまりに多くの物事を理解するために利用されています。理論は本来、プロセスの一部を抜き出し、あるひとつの描き方を試みたものに過ぎません。

理論（theory）という言葉の語源は、「観客」を意味するギリシャ語の“theoros”という単語です。ですから、理論はいわば観客の集まったスポーツの試合のようなものなのです。観客は応援しながら罵声や叫び声を浴びせることはできますが、コートやフィールドで繰り広げられている、選手たちの苦闘に参加しているわけではありません。また、観客は試合で起きていることを言葉で言い表したり、解釈すること（理論化）はできます。でも選手が実際にフィールドで経験することは、あなたの予想を超えたり、あなたの理解とは違ったものになるものなのです。

ですから、理論を私たちのほうが合わせるべき規範とは考えないでください。それは共通の経験やプロセスを理解するための、ひとつの試みにすぎないのです。

それではこれから、悲嘆に関する三つのよく知られた理論を見ていきましょう。これも未知の経験を知るために試みられた「ジャブ」のひとつです。

悲嘆に関する三つのよく知られた考え方

悲嘆に関する理論のほとんどは段階説、位相説、課題説のどれかに分けることができます。**段階説**はいまではもう、あまり支持されないものになりました。まるで悲嘆には悲しむべき順番があり、それさえ過ぎればもう済んでしまうものであるかのように理解されるようになったからです。

段階説のなかでも、いちばん有名で、いちばん誤解され誤った使い方をされてきたのが、エリザベス・キューブラー＝ロスが『死ぬ瞬間』（*On Death and Dying*, 1969）[一][四]に記した先駆的なモデルです。

無感覚、否認、怒り、自責、そして受容の五つの段階[五]からなるこのモデルは、しばしば本来の意図とは異なった使い方がされてきました。まず、このモデルは死を目前にしたひとの経験を理解するために作られたもので、大切なひとを亡くし喪失を経験したひとを理解するためのモデルではありません。次に、最初に提案されたときから、この段階は連続しているとか、順番があるとか、義務だなどという意図は込められていませんでした。

これまでに受けた電話で、こんなお話をされる方と繰り返し出会ってきました。例えば、こんなふうにおっしゃるのです。「母が亡くなってから一年が過ぎました。みんなからは一年経ったし、もう元気になっただろうと言われます。でも、ちっともそんなことないんです。わたしはおかしいんでしょうか？」。それから「父が亡くなってとても悲しくて、いっぱい泣いています。でも、怒りを感じたことはありません。みんなからは怒りが出てこないのなら、お父さんの死にちゃんと向き合っていることにはならないと言われます。いったいどうしたらいいんでしょうか？」と話された方もいました。

段階説によって、私たちはまるで悲嘆には決められた作法や手順があると信じ込み、自分が間違った悲しみ方をしていると感じるようになってしまいました。段階説のことは忘れてしまいましょう。死別の経験には、どれひとつとして同じものはありません。あなたのお父さん、もしくはお母さんが亡くなったとき、あなたはあなたなりの向き合い方を見つけたのです。誰かが決めた段階に従って、それをしたわけではありません。

位相説は、段階説と極めてよく似ています。位相説の先駆的な存在としてジョン・ボウルビ

（1） E. Kübler-Ross, *On Death and Dying* (New York: Macmillan, 1969).

（四） 日本では、E・キュブラー・ロス、川口正吉訳『死ぬ瞬間——死にゆく人々との対話』（読売新聞社、一九七一年）、または、E・キューブラー・ロス、鈴木晶訳『死ぬ瞬間——死とその過程について』（中央公論新社、二〇〇一年）として発刊されている。（M）

（五） 本書では「無感覚→否認→怒り→自責→受容」の五段階としているが、キューブラー・ロス自身は「否認と孤立→怒り→取り引き→抑うつ→受容」（E・キュブラー・ロス、鈴木晶訳『死ぬ瞬間——死とその過程について』中央公論新社、二〇〇一年）としており、その順番や名称が異なる。（N）

[六]ーと彼の愛着[七]と喪失に関する仕事があります。[2]彼は悲嘆と喪が私たちの人間関係に影響すると言った最初の専門家のひとりです。

彼が提案した位相説は四つに分かれています。最初の位相は、死の衝撃から自分を守るために、そのひとが亡くなったことを信じられない「無感覚」の時期です。命を失う危険のあるような怪我をしたときにも、痛みから自分自身を守るために、身体が何も感じないショック状態になることがあります。ここで言う「無感覚」とは、こうした身体の反応と同じ心理的な反応です。次にやってくるのは、「思慕と探求」です。強烈な切望、深い苦痛、そして怒りが生じ、このような言葉が語られます。「パパに会いたい。もう嫌だ！　どうしてこんな目にあわなきゃいけないの？」。三つ目の「混乱」の位相には、死がどのように起きたのか、なぜそのようなことになったのかを探し求めることも含まれます。最後は「再建」の位相です。これは喪失と親との関係を振り返り、知的にも感情的にも、自分がどんな人間なのか再定義する時期です。

段階説と同じように、位相説も悲嘆がどのようなものなのか理解するモデルを作ることで、専門家を支援しようとする試みです。しかし、すでに述べたように、モデルはあくまでモデルで「物自体」[八]ではありません。親を亡くしたとき、あなたは無感覚になったかもしれないし、ならなかったかもしれません。深い苦痛も、怒りも、混乱も混沌も、あったかもしれないし、なかったかもしれません（実際、ホッとしたと言う子どももいます）。いちばんありえそうなのは、あなたが何を感じたにせよ、それがきちんと整った形などではなかったということです。さらにありえそうなのは、良くなったこともあれば、悪くなったこともあるということではないでしょうか。

心理学の研究者で臨床家兼実践家でもある、J・ウィリアム・ウォーデン（J. William Worden）[九]

（２）J. Bowlby, *Attachment and Loss, vol. 3, Loss Sadness, and Depression* (New York: Basic Books, 1980).

（六）ジョン・ボウルビー（John Bowlby, 1907-1990）は、イギリスの児童精神科医。愛着理論の創始者として知られる。精神医学に動物行動学を視点を取り入れ、母子関係理論を提唱した。（N）

（七）愛着（attachment）とは、乳児が生来持っている母親あるいは主たる養育者を求め近づこうとする生物学的欲求によって、生後六ヶ月ごろまでに形成される心理的結びつきのこと。愛着理論を提唱したボウルビーは、愛着の基盤にはまだ未熟な乳幼児が、生き延びるために自分を養育し守る特定の他者（たいていは母親）を求める本能があると考えた。これは動物でも同じだが、ひとの場合はさらに健康な心理社会的発達の基盤にもなる。（N）

（八）原文の表記は「the thing itself（それそのもの）」となっているが、イマヌエル・カントの言う「物自体（thing-in-itself）」のことか。物自体とは、「物や現象に対する語で、それらの原因根底となる「物そのもの」をさす」（林達夫・野田又夫・久野収・山崎正一・串田孫一（監修）『哲学辞典』平凡社、一九七一年）。つまり、モデルは実際の経験のさまざまな側面を余すことなく完全に捉えられたものではなく、あくまで特徴的な点や多くのひとの経験に共通するものを選択的に捉えたひとつの理解の形に過ぎないということであろう。（M）

（九）J・ウィリアム・ウォーデン（J. William Worden, 1932-）は、アメリカの心理学者。ローズミード心理大学院名誉教授。本書でも紹介されている「ハーバード児童死別研究」の協同研究者。『悲嘆カウンセリング——臨床実践ハンドブック』（誠信書房）の原著"Grief Counseling and Grief Therapy, Fifth Edition: *A Handbook for the Mental Health Practitioner - Grief* Counseling Handbook on Treatment of Grief, Loss and Bereavement"は五版を重ね、十二の言語に翻訳されるなど、悲嘆に関する基本書のひとつとなっている。（N）

は、段階説も位相説も、喪失を経験したひとをあまりに受動的な存在と見なしていると異議を唱えました。そして、悲嘆の能動的な性質をより正確に捉えた**四つの課題説**を発展させました[3]。課題には、①喪失の現実を受け入れること、②悲嘆の痛みを消化すること、③故人のいない世界に適応すること、④故人との感情的つながりを捉え直し、新たな人間関係へと作りなおすことが含まれます[10]。

私はウォーデンの課題説は、臨床家への支援を通して、究極的には悲嘆を経験している当事者が、自分を無力な犠牲者と見なすのではなく、死別後の癒やしのプロセスに積極的に参加する存在なのだと理解することを助ける試みだと考えています。また、課題という考え方は、癒やしのプロセスにどのような行動が役立つか見出す視点にもなるかもしれません。

しかしその一方で、こうした考えは当事者にとってさらなる重荷になってしまう可能性もあります。すでにつらく困難な悲嘆の経験をしているひとたちに、まだやるべきことがあるのか、まだ気をつけなくてはいけないことがあったのかと思わせてしまうかもしれないからです。例えば、(もしそのようなことがあればですが)あなたは自分がいつ、親が亡くなったことを現実として受け入れたのか思い出せるでしょうか？　親が死んだなんて嘘に違いない、と考えている自分に気づいたことはないでしょうか？　他にも、亡くなった親がいつか電話をかけてきてくれるんじゃないかとか、家を訪ねてきてくれるんじゃないか、死ぬなんて残酷な間違いをしてしまったと謝る手紙をくれるんじゃないか、などと考えたことはなかったでしょうか。

他にもこんな疑問があります。亡くなったという事実を認めることと、仕方ないことだと受け入れることはどう違うのでしょうか？　まだ生きていてくれたらと願うことは間違いなのでしょうか？「悲嘆の痛みを消化する」という課題は、あなたにまた何か新しい要求を課すように感じるでしょうか？「故人のいない世界に適応する」という課題は何年も、ひょっとしたら一生かかることかもしれません。また、あなたは他のひととの健康的なつながりにエネルギーを注ぎながら、どうやって亡くなった親とのつながりを保ち続けたでしょうか？　むしろそのようなことを実際にされたかどうかを伺ったほうが良いかもしれませんね。おそらくこんなことを勧めるひとなど、ほとんどいなかったでしょうから。それよりもむしろ、「次に進みなさ

（3）　J. W. Worden, *Grief Counseling and Grief Therapy: A Handbook for the Mental Health Practitioner*, 2nd ed. (New York: Springer, 1991).

（一〇）　ウォーデンの課題説は、書籍の版によって各課題の名称や内容が更新されている。現在日本語で手に入る最も新しい版である第四版では、四つの課題は「一、喪失の現実を受け入れること」「二、悲嘆の痛みを消化していくこと」「三、故人のいない世界に適応すること」「四、新たな人生を歩み始める途上において、故人との永続的なつながりを見出すこと」とされている。また、原著の最新版である第五版では、課題「四」の名称が「残された人生という旅に出る途上において、故人のことを忘れずにいるための方法を見つけること」へと変更されている。（M）

い」とか、「もう振り返らないように」して、「忘れてしまいなさい」と追い立てるようなひとがほとんどだったのではないでしょうか。

ウォーデンのモデルにも、それ以外の課題説にも、それぞれの価値があります。しかし、悲嘆を経験しているひとたちに、意図せず「正しくやる」という新たな重荷を科してしまう可能性もあるのです。

段階説、位相説、課題説のよく知られている悲嘆の理論は、扱える領域を拡大するだけでなく、より適切なものになるように、死と死別の専門家の手で磨かれ、調整が加えられてきました。しかし、繰り返しになりますが、それでも特効薬になる理論などありません。本を読み、理論について知ることは役に立ちますが、誰かが用意した理論の型に自分を当てはめるようなことはしないでください。あなたの物語は、この世界の誰の物語とも同じではないのですから。

親の死から受けた影響について知るための準備をしよう

親との死別があなたの人生にどう影響してきたのかもう少し詳しく見る前に、あなたにひとつお願いがあります。簡単なようですが、このようなことをしてきた方はあまりいないはずです。もしこのお願いをきちんと守っていただけたのなら、きっと自分にも、人間関係にも、とても大きな変化が起きていることを発見されるはずです。

これから感情や人間関係について考えていきます。しかし、そうしているうちに自分の気持ちが開いたり、閉じたりしているのに気づくと思います。もし自分に当てはまることを読めば、あなたの心はほぐれ開放されていくでしょう。例えば、自分の経験が裏付けられたり、自分でも理解できたり、琴線に触れるような記述を目にしたときには、このような反応が起きるでしょう。逆に、あまりに苦痛で、混乱せざるを得ない恐ろしい記述を読んだときには、あなたの心は完全に閉じてしまうことでしょう。これはごく自然なことです。誰もが同じように反応します。反応は自動的に起こるし、少なくともそのように感じるはずです。

というのも、私たちはこれまで、ある種の反応パターンを作り上げてきたからです。そして自分自身に「これが自分なんだ」と言い聞かせてきました。自分でそれを選んだのではなく、まるで、そうなることが運命づけられていたかのように感じる方もいるかもしれません。でも本当は、それを望み選んできたのは、私たち自身なのです。

これは自己防衛のための試みです。でも、恐怖で自分を閉ざし、自分の一部を切り離していると、自分で自分を死なせてしまうことがあります。ですからここでお願いです。誰か他のひとに対してするのと同じように、あなたも、自分に優しく、慈しみ深く接してみてください。

これからそのためにできる、四つの方法について説明します。

一、自分に正直になる

まず、正直になり、つらいことにも目を向け、その痛みを感じることを自分に許してあげてください。避けても痛みが消えてなくならないことを、あなたもすでにわかっているはずです。つらいことを認めたくない理由は単純です。心が痛むからです。そして誰も、そんな心の痛みを望みません。痛みを避けること自体は悪いことではありません。

例えば、火で熱くなったストーブに素手で触れてしまったとしましょう。そうしたら反射的に手を引くはずです。そして、やけどを治すため、傷の手当をするでしょう。もし手が焼ける痛みを認めず、ストーブに手を置き続けたとしても、やけどしたという事実が変わるわけではありません。また、ストーブから手を離しても、手当をしなければ傷はただれ、化膿します。回復が長引き、深い傷跡が残ります。

それなのに私たちは、心の傷となると焼けたストーブからいつまでも手を離さず、傷の手当をすることも拒否してしまうのです。ですから、たとえ痛くても思い切って正直になることを自分に許してあげてください。

それから、いつもの回避の習慣に負けて、ここでこの本を読むのを止めたりはしないでください。あなたの回避の習慣にはどんなものがあるか、左記のリストと比べて、少し考えてみてください。

・何も感じなくなるまでお酒を飲む。
・わたしの好きなドラッグはお酒ではなく、「　　　　　　　　　」だ。（この本をどこかに置きっぱなしにしてしまったときのことを考えると、この空欄は埋めにくいかもしれません。）
・とるにたらない用事でいつも頭をいっぱいにする。
・本当に考えたくないことがあるときは、自宅や職場の掃除をする。
・とにかく、ひたすら、仕事をする。
・落ち込んで、家族や友だちから距離を置く。
・テレビを見すぎる。
・買い物に行く。
・食べまくる。
・何もかも忘れて運動に没頭する。
・一見、健康的に見えるが、本当は強迫的に取り憑かれている趣味がある。
・その他――「　　　　　　　　　」（思いつくものを書き込んでください。）

自分に回避の習慣があることを認めるためには正直さ、打ち勝つためには勇気が必要です。逃げ出したくなってもその気持ちに負けず、正直なままでいてください。回避することのすべてが絶対に悪いと言いたいわけではありません。平静な気持ちになって、考えるのをしばらく止めるか、休むかしたくなるときもあるからです。それでもこのことは忘れないでください。あなたが避けているものはそれがなんであれ、すぐそばにいてあなたが戻ってくるのを待ち続けています。

二、自分がどのように回避しているか気づけるようになる

自分の回避の習慣がどのようなものかわかれば、すぐにでも死別の影響を考える次のステップに進むことができます。それは気づきの意識を高めるということです。この本を読んでいるのですから、親の死から自分がどんな影響を受けたのか、いくらか気づいていることもあるのではないでしょうか。そうでなくとも、少なくとももどんな影響を受けてきたか知りたいと思っているはずです。でも、このような気づきのなかには心のど真ん中に突き刺さり、つらい記憶や気持ちを思い出させるものもあります。回避したくなるのは、まさにこのような瞬間です。もし回避したいという気持ちが沸き起こってきたら、自分が回避するためにどんな行動をし

ようとしているか、注意を向けてみてください。こんなふうに意識します。「ああ、何か飲みたくなっているな」「あの大きいパックのアイスをもう一個食べたいみたいだ」「この家から出て行きたくなってるな」「今日は遅くまで働かずにはいられないみたいだ」「あともう五足靴を買ったら気分がよくなるのに」などです。自分がどうやって回避しようとしているか気づくことができれば、その習慣を続けるのか止めるのかを、自分で決めることができます。

わたしは何か回避したいことがあると、眠くてどうしようもなくなることに気づきました。締切が迫っていたり、何かをプレッシャーに感じているときには、十二時間だって寝続けていられます。だからいつもと違う時間に眠くなっていることに気づいたら、何か避けようとしていることがないか、自分に問いかけるようにしています。

逆に、たんにいつもより多めの睡眠が必要なときもあれば、少し頭を休めて健康的な回避をしているときもあるかもしれません。もし自分自身の行動にしっかり気づくことができれば、そのことにどう対応するか自分で選ぶことができます。回避することに消費されるエネルギーは実際のところ、私たちからとてもたくさんの力を奪っていきます。もし回避の習慣に気づかないままでいると、私たちはいつも疲れて気力のわかないままになってしまいます。

三、いちど評価することを止《や》める

これがいちばん難しいことかもしれません。というのも、心のなかの批評家というものは、たいていの場合完全に成長しきっていて、あなたを裁く裁判官兼陪審員で、しかも死刑執行人まで担う存在になっているからです。ですから、三つ目の課題として、自分を評価することをしばらく中断してみてください。

自分やまわりのひとを評価することは、人間にとって自然な反応です。私たちはみな、いつも何かを評価しています。「この靴が好き」「バカなことを言ってしまった」「もっと感じよくすべきだった」「なんなんだあいつは？」。

私たちは色々な感情で頭がいっぱいになって、疎外されたり何もうまくいっていないと思い込んで嫌な気分になることがあります（そしてすぐさま回避行動でそれを押し殺そうとするのです）。このようなことをするのは、痛みを感じていたくないからです。過去のつらい経験や人間関係、自分のした行動について振り返っているとき、私たちは本当に痛みを感じます。そのとき自分に言い聞かせる言葉は、この痛みをさらに強いものにします。

「なんてバカだったんだ」「もっとよく考えるべきだった」「なんて嫌なやつだ」「自分はあんなバカじゃない」。人間関係が望んでいたとおりにならなかったときに、私たちはこんなふうに考えます。それは、自分たちや誰か別のひと、またはその両方を非難することで、自分自身を痛みから守ろうとしているのです。

例えば、あなたの愛するひとが、あなたに話を聞いて欲しいと頼ってきたとしましょう。その女性があるひとと別れ、どんなにつらいか語っています。あなたは大切なその女性を力づけたいのですが、だからといって気持ちを紛らわせるために、嘘をついたりはしたくないと思っています（そう。嘘で慰める誘惑にかられていても、それが本当の優しさではないことにも気づいています）。このようなとき、あなただったらこんな風に言うでしょうか？「バカだなあ。もっとよく考えれば良かったのに。あなたらしくもない。なに考えてたの？」。

おそらくこんなふうには言わないはずです。それなのに私たちは、自分に対してはこんなことをいつも言っているのです。あなたの内なる批評家が、これまであなたに愛のない言葉を何度投げつけてきたか振り返ってみてください。批評家は「お前はバカだ。礼儀知らずだ。考えなしの間抜けだ」などと、あらゆる言葉で中傷してくるのですから、逃げたくなるのも不思議ではありません。

もし、このように評価することをやめて、慈しみの心で自分を大切にしてみたらどうなるでしょうか？　道徳を無視しろとか、行動やひとのあり方には良いも悪いもないと言っているわけではありません。でも、反射的に厳しい自己評価を下す習慣が、もっと健康的で幸せで、生産的な人生を送るために必要な変化の芽を摘んでしまうこともあるのです。一見そうは見えないときもありますが、私たちの感情や思考、行動には目的があります。私たちは目的を持って、それを選んでいるのです。

ある出来事について自分に語りかけるときに使う言葉が、そのときに生じる感情の色合いを決めるのです。感情がなんの理由もなく無秩序に湧き上がってきては弾ける、不思議なエネルギーのように感じられるときがあるかもしれません。でも実際には、起きた出来事を語るために選んだ言葉が、私たちの感情を作り出すのです。

簡単な例をあげましょう。一時間ほど前、私はパソコンで気分良く文書を書いていたら、突然画面がフリーズしてしまいました。これまでにも何度か、同じようなフリーズで、数段落またば数ページ分の原稿が消えてしまったことがあります。実に苛立たしい出来事です。私にできるのは電源を押してパソコンを再起動し、消えてしまった文章をもういちど書き直すことだけでした。椅子に座りパソコンが再起動するのを待つあいだに私がしたことは、率直に言って、絶対にここには書けないようなことでした。

「信じられない。大切な文章だけじゃなくて、思考のプロセスもそれに費やした時間も消えた。こんなパソコン、窓から投げ捨ててやりたい」。

頭に血が上りすぎて、怒りを言い訳に書くのをやめて他のことをやりそうになりました。寝たり、山盛りのアイスクリームを食べたり。このとき、私の思考（「最悪だ」）に続いて、怒りや不満などの感情が生じ、いくつかの行動（自分を元気づけるためのご褒美を装った回避）を引き起こしそうになったのです。

その次の瞬間、すべてのシナリオを書いたのは自分で、起きたことにどう反応するのかは自分で選べるということに気づきました。そしてこう心に決めました。「こんなつまらない障害で書くことをやめたりしない。これはむしろ休憩が必要なことをパソコンが教えてくれたのだ。これは書き続けようという誓いを実行に移す機会なんだ」と考えるようにしたのです。このとき私は、「こんなのたいしたことない。こういったつまずきは、時々起こるものだ」と考えることで、自尊心を高め、ワクワクしながら執筆を続けるという行動を取ることができたのです。

逆に、どんな感情であれそんな風に感じるべきじゃないと自分を批判して、こころのなかの裁判官の言う通りにさぼることもできました。でもそうはせずに、まず怒りと不満を感じている自分に気づくようにしました。そして感情や、嫌な気分になった自分を非難する衝動にコントロールされるのではなく、別の筋書きを試すことにしたのです。

感情に流されないようにしたり、心のなかの批評家が出てきたときに気持ちがどこかに彷徨《さまよ》っていかないようにするのは簡単ではありません。ですからせめて、親との死別に関することだけでも、しばらく評価するのをやめてみてください。これまでどんなことをしてきたとしても、それはもとの落ち着いた状態を取り戻すためにやってきたことなのですから。

四、支援を求める

もしかすると、これこそがいちばん難しいステップかもしれません。ほとんどのひとにとって、自分ひとりですべてをやることはできないとか、誰かに助けを求めても良いのだと認めるのは簡単なことではありません。つらい気持ちや考えに困っているときはなおさらです。ひとの重荷にはなりたくないし、弱いと思われたくもないからです（自分でもそんなことは考えたくないものです）。

ですが、この喪失をめぐる旅は、ひとりで歩む義務も必要性もありません。もし「はじめに」の最後に載せた「親との死別後の経験に関するセルフチェック」に、当てはまる項目がたくさんあったとしたら、あなたは死別から何年にもわたって孤立し、助けてくれるひとも誰一人としていなかったのではないでしょうか。ここで思い切って、あなたを支えたいと思っているひとの手を摑んでみてください。あなたを心から大切に思っているひとなら誰でも、あなたと一緒にいられることを喜んでくれるはずです。その方と一緒にこの本を読んだり、セルフチェックの結果について話し合ってもいいかもしれません。

ひとつ気をつけていただきたいことがあります。喪失をめぐる旅の友に誰を選ぶか決めるときには慎重になって欲しいのです。必ず、あなたの物語に興味を持ち、あなたを支えたいと思っている方を選んでください。多くのひとは、痛みは無視するか忘れてしまうべきだと教えられてきています。なかには過去のことを「蒸し返す」のは役に立たないと思っているひともいます。他にも、自分自身の喪失が手付かずのままになっているため、ひとを手助けすることができないひともいます。

まずは家族、友人、同僚のなかから少なくともひとり、あなたの喪失をめぐる旅の軌跡を分かち合えるひとに目星をつけてください。あなたはこれまでずっと、たったひとりで親の死の衝撃を受け止めてきました。誰かの力を借りることは、親の死がこれまで、そしてこれからどのようにあなたに影響していくか理解する助けになるはずです。

では、ここまで読んできて、この四つの行動に取り組んでみたいと思うでしょうか？　ここでもういちど振り返っておきましょう。

1　自分の感情や、回避する習慣を正直に認める。
2　どのようなときに感情を回避したいと思うか意識してみる。
3　批判的な自己評価をしばらくやめてみる。
4　あなたのことを気にかけてくれるひとの名前を少なくともひとり、サポートリストに書く。

では次に、この正直さ、気づき、自分を受け入れる気持ちとまわりの支援の力を借りて、あなたがどんな喪失を抱えた子どもだったのかを見ていきましょう。

第2章

わたしの経験は普通だったか？

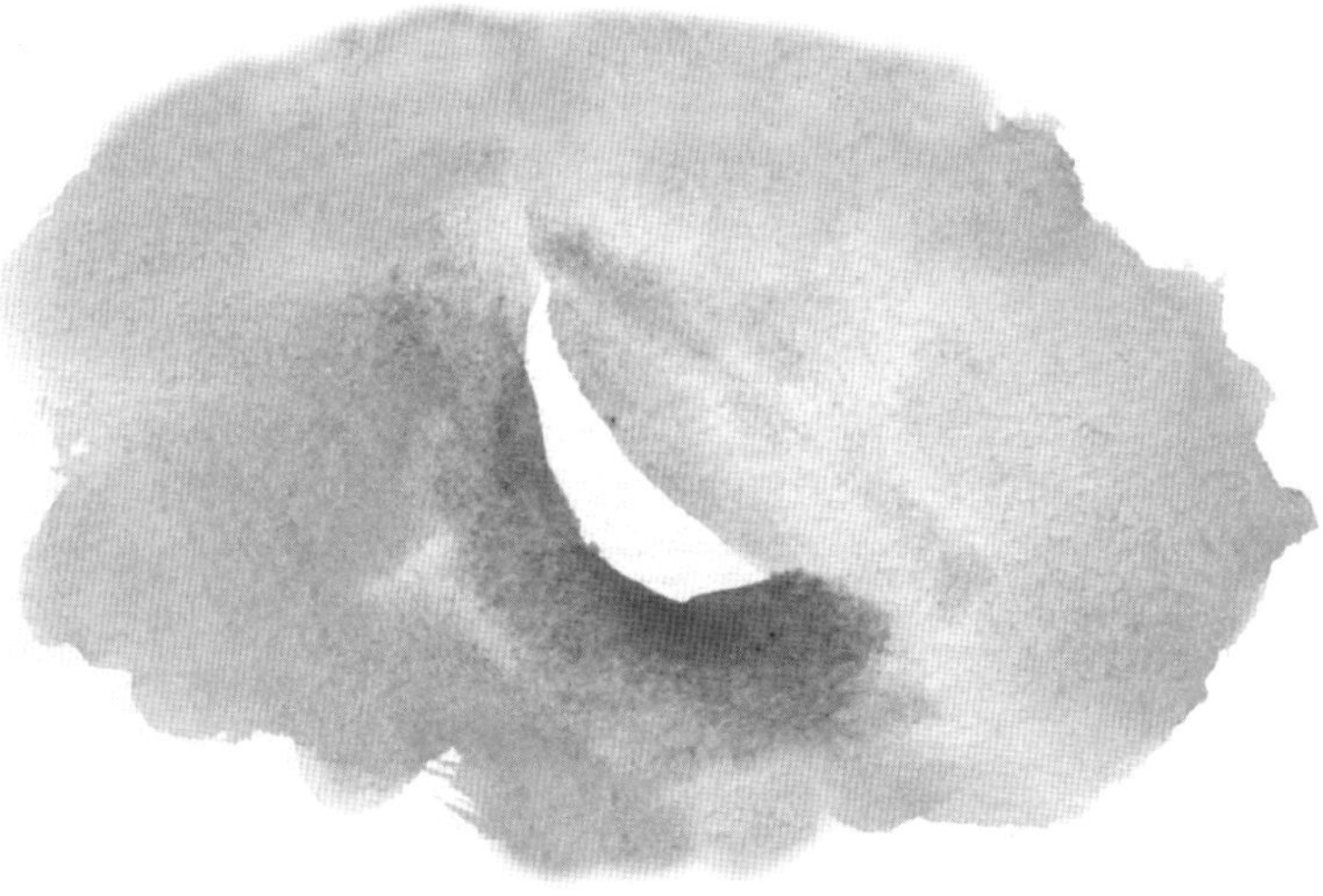

親を亡くしたあとで、自分はひととは違うと感じた経験はありますか？　もしそうなら、それはあなただけのことではありません。死別を経験した子どもにいちばんよくたずねられる質問のひとつは、「わたしって普通？」ということです。直接はっきりと質問されることもあれば、言いにくそうに遠回しに言われることもあります。いくつか例を挙げましょう。

父親を亡くした十四歳のジェイソンはこんな体験を教えてくれました。「学校に戻ったとき、なんだか自分がおかしくなったみたいに感じたんだ。みんな僕のことをじろじろ見てくるから、まるでおでこに「死」って書いてあるみたいだった。みんなの様子がおかしいから、いままでどおりにしていたいのにできなくて。まるで僕がみんなとは全然違う人間になったみたいだったよ」。

九歳のデシェーは母親を亡くしたあと、喪失の一般的な症状を経験して、自分がおかしくなってしまうのではないかととても怖かったそうです。「いつもどおりに部屋にいて、なにもおかしなことはなかったの。それなのにいきなり身体が震えてきて、どうしても止まらなかった。それから、お母さんだと思って駆け寄ってみたら、ぜんぜん違うひとだったたってこともあって……。ほんと、自分がバカみたいだった」。

親を亡くすと、幼い子どもたちも自分が他の子どもとどこか違うと感じています。ダギー・センターの三歳から五歳の子どものための「ちびっこ」グループでこんな出来事がありました。

ルークという男の子が、外で遊具によじ登っていたとき、指にトゲが刺さってしまったのです。絆創膏をするためにファシリテーターと建物に入ったとき、友だちのマリオもついてきました。ふたりは父親を自動車事故で亡くしていました。指を消毒し傷の手当をしていると、マリオも「痛い痛い」したから、絆創膏を貼って欲しいというのです。ファシリテーターが傷はどこかと尋ねると、マリオはこう答えました。「傷は見えないの。ダギー・センターにいる子は、みんな大切なひとを亡くしてるから、目に見えない痛い痛いがあるんだ」と言うのです。マリオはたった四歳でしたが、それでも自分が他の子どもとは違うと知っていました。

あなたはいまも、親を亡くしたあとに子どもの頃の自分が経験したことが、一般的または普通のことなのかわからないままでいるかもしれません。もし自分と同じ経験をした子どもを知らなければ、特にその気持ちが強いのではないでしょうか。

しかし、何が普通なのかという疑問は、もうひとつ別の疑問にもつながります。何が普通なのかを決めるのは、いったい誰なのでしょうか？　殊に悲嘆となると答えは曖昧です。悲嘆の場合、おそらく普通であろうことも、その当人やまわりのひとにとっては、それが「異常」なことに見えたり、感じられたりするからです。

死を研究する死生学の分野には、何が「通常」の悲嘆で、何が「病的」な悲嘆なのかに関する文献が膨大にあります。しかし、猥褻なものかどうかを判断するのと同じで、感覚的にはひと目で違いがわかったとしても、それを言葉で定義するのは簡単なことではありません。

病的な悲嘆に関する学術的な定義のひとつに、このようなものがあります。「ある特定のひとの悲嘆が、特定の文化において通常想定されるものとは異なった形で展開し、過剰または慢性化した症状が、心理面または身体面で生じること」[1]。この「過剰または慢性化した症状」とは、精神または身体症状の悪化やその発症率の上昇を意味しています。

この説明が暗に示しているのは、あるひとの悲嘆が病的かどうかを決めるには、逸脱しているかどうかを判読するための基準が必要だけれども、その基準はそのひとが所属している文化における標準的なあり方が決めるのだ、ということです。

これはけっして小さな課題ではありません。そのひとが育ってきた文化やパーソナリティを考慮したうえで、「通常想定される悲嘆の経過」がどのようなものになるか、いったい誰になら決められるのでしょう。また、医師、精神科医、心理学者といった「専門家」ですら長年にわたり、子どもの悲嘆がどのようなものか、ほとんど学ぶことも理解もしてこなかったという現実に、どうしたら向き合うことができるでしょうか？　もし私たちの文化の規範が「男は泣くべきではない」というものだとしたら、悲嘆で涙を流す男性のことは病的な悲嘆の症状を呈していると考えるべきなのでしょうか？

「病理」という言葉には、多くの意味があります。複雑化、欠如、異常、歪み、病的、不適応、遅発、慢性、非定型、増悪、潜在、遷延性、未解決、神経症、機能障害、抑制などです。ここであらためて問いましょう。いったいどんな基準や想定される経過に基づけば、あるひとの行動が「普通」かどうか判断できるでしょうか？

あなたの経験が典型的なものなのかどうか、あなたの反応や感情が普通かどうか判断するのは簡単なことではありません。それでも、このような疑問は死別を経験し、子どもの頃からひととは違うという感覚に苦しみながら大人になったひとたちを、いまでも悩ませているのです。親と死別することの影響に関する研究はこれまでたくさん行われてきましたが、科学的に適切な方法で行われたものは比較的少ないと言わざるを得ません。このテーマに関して信頼できる研究が明らかにしたことを紹介する前に、まず左記の項目があなたの経験と一致するかどうか、確認してみてください。

1 □ 気持ちが落ち込んで、ひとを避けた。

（1） W. Middleton, B. Raphael, N. Martinek, and V. Misso, "Pathological Grief Reactions," in Eds. *Handbook of Bereavement: Theory, Research and Intervention*, M.Stroebe, W. Stroebe, and R. O. Hansson (New York: Cambridge University Press, 1993), pp. 44–61.

2 □ とても社交的で、ひとと一緒にいるのが楽しかった。
3 □ 病気や事故が多かった。
4 □ 病気、腹痛、睡眠障害になったり、怪我をすることはほとんどなかった。
5 □ 学校では期待していたほどうまくやれなかった。
6 □ 期待していたよりもずっと学校でうまくやれた。
7 □ 不安で怖かった。
8 □ まわりの子より幸せで気楽だった。
9 □ 自分にあまり自信を持てなかった。
10 □ 自分は他の誰にも負けないと思った。
11 □ 世界は無秩序で、自分の思うようにはならないと思った。
12 □ 自分の運命は自分で決められると思った。
13 □ 自分の将来があまり明るいものだとは思えなかった。
14 □ やろうと決めたことはなんでもできると思った。

これから、死別に対するあなたの反応にどんな意味があるのか、研究が明らかにしたことから何が言えるのか説明していきます。しかし、その前に研究とは何をして、何をしないのかを説明しておきましょう。科学的に信頼できる方法や道具を用いた研究でも、何かを証明しているわけではありません。研究にできるのは、なんらかの傾向があることを示したり、どのような結果が得られるか根拠を示すこと。そしてあることをしたらそれをしなかったひとと比べて、どのようなリスクが高まるのかを示すことだけなのです。

タバコが良い例です。アメリカでは公衆衛生局長官はタバコはがんを引き起こすと「断定」していますが、タバコを吸うひと全員ががんになるわけではありません。また、がんになったひと全員がタバコを吸っていたわけでもありません。喫煙とがんの関連には科学的な証拠があります。だから、タバコを吸えばがんになる危険性は高まるとは言えますが、それでもタバコを吸ったひとが必ずがんになるとまでは言えません。

ですから、どんな研究を参照するときにも、結論として提示されているものはなんらかの傾向や見込みであり、そこからなんらかの理論を構築するためのものだということを忘れないようにしてください。研究は誰か特定のひとに対して何が起こるか、証明したり予測するものではないのです。

研究が示す結論についてもうひとつお伝えしておきたいのは、あなたがたとえ何を信じていても、それを裏付ける研究は見つかるということです。ですから、その研究がどのようなやり方で行われたのかを知らなくては、その結論をどの程度信頼して良いか判断することはできません。子どもの死別体験の研究はこれまで無数に行われてきましたが、その成果を普遍的に誰にでも当てはめることができるものはほとんどありません。この本では研究の知見の適用可能な範囲について、きちんと議論することは困難です（あなたにもあまり関心がないことかもしれません）。この問題に関して一般的に言われていることを、巻末の付録で十二個にまとめておきましたので、関心があれば読んでください。

それではさきほどの十四個の質問に戻ります。採点はこのようにしてください。

1　奇数の項目にいくつチェックをつけたか数えてください。チェックは一つ一点で、合計で〇点から七点になります。

2　同じく、偶数の項目にいくつチェックをつけたか数えてください。こちらも最大七点です。

それでは点数の意味についてお話しましょう。まず、信頼できる研究に基づくと、1の点数が高く2の点数が低いほど、あなたの経験が典型的なものであるということ、つまりより「普通」だということを示しています。

逆に2の得点のほうが1よりも高かったり、偶数の項目だけにチェックを入れたとしたら、あなたは一般的な傾向に見事に抗ったと言えます。あなたがそのような力を発揮するのを助けたものがなんだったのかについては、のちの章で見ていきます。いまはまず、親との死別が子どもに与える影響に関して、信頼のおける研究が何を明らかにしたのかを確認しましょう。

これから紹介していく研究は、より信頼のおける方法で行われたものです。例えば、対照群を置くという方法を採った研究では、死別を経験した子どもと、性別や年齢、家庭環境などの条件は似ているが、死別経験を持たないということだけが違う子どもとの比較を行っています。それ以外の実験や測定を行った研究であれば、研究デザイン、実験の手順、データの解釈が適切になされたものだけを選んでいます。

それでは、これから信頼できる研究から明らかになった七つのことを紹介して、それがさきほどの質問にどう関係しているかを説明していきます。でも忘れないでください。研究はあくまでも死別を経験した子どもに関するものです。子どもが経験する症状が、大人になってからも続くかどうかまで示しているわけではありません。大人になってからも継続するものについては、別の章で扱います。

七つの大切なこと

まずはじめに、死別を経験した子どもと、死別経験を持たないこと以外の条件が同じ子どもを比較する研究が明らかにした七つの重要な違いをご紹介しましょう。[2] 死別を経験した子どもたちには、こんな特徴がありました。

1　抑うつ傾向がより高い
2　健康問題や事故に遭う確率が高い
3　学業成績が著しく悪い
4　不安と恐怖が著しく強い
5　自尊心が著しく低い
6　外的統制感[1]が著しく強い
7　自分の将来に対する楽観性が著しく低い

それではひとつずつ、あなたの経験がどのようなもので、特にどんなところでいちばん強く影響を受けてきたのかを確認していきましょう。

子どもの頃、抑うつを経験したか?

1 □ 気持ちが落ち込んで、ひとを避けた。

2 □ とても社交的で、ひとと一緒にいるのが楽しかった。

どちらをチェックされたでしょうか? もし1なら、あなたの経験は2にチェックをされた方よりも一般的なものと言えます。なかには1と2の両方をチェックした方も稀にいるかもしれません。おそらく一見とても社交的でひとと一緒にいることを楽しんでいるのに、心は深く

---

(2) J.R. Lutzke, T. S. Ayers, I. N. Sandler, and A. Barr, "Risks and Interventions for the Parentally Bereaved Child," in *Handbook of Children's Coping: Linkin Theory and Intervention*, eds. Wolchik and I. Sandler (New York: Plenum Press, 1997).

(一) 統制感 (locus of control) とは、ひとの性格的な特徴のひとつで、外的統制型と内的統制型に分けられる。前者は自分の行動の結果で何が起こるかは自分でコントロールできず、運や偶然といった自分の外部にあるものによって決まると考える。逆に、後者は自分の努力や能力など自分自身の内側にあるものによって、その結果をコントロールできると考える傾向が強い。(N)

沈み込んでいたのでしょう。
これまでの研究で、抑うつは喪失を経験した子どもに最もよく見られる症状だということがわかっています。長期間にわたる抑うつがどれほどの影響をもたらしうるのか、そしてその影響が大人になってからも継続しうるということは、心理学の専門知識がなくても想像できると思います。もしあなたが大人になってからも抑うつを経験しているのなら、それは子ども時代から受け継いだ負の遺産なのかもしれません。

友だちよりも病気や事故に遭うことが多かったか?

3 □ 病気や事故が多かった。
4 □ 病気、腹痛、睡眠障害になったり、怪我をすることはほとんどなかった。

ダギー・センターにやってくる子どもたちは、たいていなんらかの身体症状を経験しています。例えば、耳や頭、お腹の痛み。睡眠障害(眠れない、起きられない)や摂食障害(拒食や過食)といったとても幅広い症状です。医学的な原因がなにひとつ見つからないこともめずらしくありません。また、さまざまな「事故」も増えます。私たちの知る限りでは骨折、切り傷、打撲などの怪我がとても多いようです(このことは研究によっても裏付けられています)。

こういった子どもたちのことを「行動化している」と言うことがあります。そのような子どもたちはたいてい、取り乱した教師やストレスでいっぱいになった親に紹介されてダギー・センターへやってきます。私には「行動化」が、気づいて欲しい、助けて欲しいという子どもたちの叫び声に聞こえます。誰からも相手にされず、無視されてきたため、自分のことに気づいてもらうためには激しい行動であらわすしかなかったのです。それなのに、「気を引きたがっている」と子どもたちが、まるでそれが犯罪かのように非難されることがあまりにも多すぎます。どんな子どももひとから気にかけてもらうことを求め、必要としています。その声に耳を傾けてもらえるまで、子どもたちは叫び続けるのです。多くの場合、身体の言語を通して。

九歳のステイシーの見せた行動は、行動化のもっとも激しいもののひとつですが、死別を経験した子どもがどんなふうに行動化するのかを知っていただくには絶好の例だと思います。お父さんが自死で亡くなってから、ステイシーは学校で同級生にからかわれるようになりました。そんなある日、ダギー・センターにやってきたステイシーの腕にはギプスがはめられていました。どうしたのか尋ねると、校庭でブランコから落ちたと言うのです。しかし少しあとになって、本当は落ちたのではなく、わざと飛び降りたのだということをこっそり教えてくれました。彼女はその理由をこう語りました。「お父さんが死んですごくつらい。それなのにそんなこと、みんなどうでもいいみたい。でも腕が折れたら、みんな、わたしに優しくしてくれたの」。誰かに気にかけてもらうためには、自分を傷つけるしかないと信じ込んでしまったとしたら、ステイシーに待っているのは、いったいどんな未来でしょうか。

あなたは愛や注目を得るために、ステイシーほど激しく行動する必要を感じなかったかもしれません。それでももしあなたがまわりの子どもたちより病気や怪我が多かったとすれば、そこには気にかけて欲しい、大事にして欲しいという気持ちが込められていたのかもしれません。それがたとえ、大人になってからのものでも同じです。歳をとったからといって、愛や注目が不要になるわけではありません。ただ、それを求める気持ちを隠すのが上手になるだけなのです。

期待していたのと同じくらい学校ではうまくやれたか?

5 □ 学校では期待していたほどうまくやれなかった。

6 □ 期待していたよりもずっと学校でうまくやれた。

いくつかの研究によれば、死別を経験した若者は、自分は同級生に比べて学校でうまくやれていないと評価する傾向があります。親からの評価にも同じ傾向が見つかりました。死別のあとで、集中力が落ちたり、好きなことに興味を持てなくなるのと同じように、学校への意欲も失ってしまうことがあるのです。それも当然だと思います。父親を埋葬したばかりのときに、勉強への興味が湧いてくるでしょうか？　母親が亡くなった直後に、いまは数学をするときだなどと感じるでしょうか？　死別を経験したあとに成績が下がったり、同級生よりも勉強が遅れたりするのは珍しいことではありません。

あなたはどうだったでしょうか。5にチェックを入れましたか？　もしそうなら、あなたは大人になってからも力を発揮できないままでいるのかもしれません。あるいは自分のやったことを正当に評価できず、実際には高いレベルのことを成し遂げているのにそのことを認められないか、達成不可能なほど高いレベルの目標を掲げているのかもしれません。

それとも6にチェックを入れたでしょうか？　それほど多くはありませんが、死別を経験した子どものなかには学業に没頭して「過剰な成功」(hypersucseeding) を修める子どももいます。現在五十四歳のジョンは、十一歳でお父さんが亡くなったあと、成功するためには自分ひとりで頑張らなくてはいけないと思っていたと話してくれました。それからというもの、かつてないほど勉強に打ち込みました。大人になってからも仕事への没頭ぶりは変わらず、この習慣からは良い影響も、あまり良くない影響も受けたそうです。

親が亡くなったあと、不安や恐怖を感じたか？

7 □ 不安で怖かった。

8 □ まわりの子より幸せで気楽だった。

当然かもしれませんが、親を亡くした子どもにはそうでない子どもに比べ、より強い不安や恐怖を訴える傾向があります。親は年老いてから亡くなるか、少なくとも子どもが大人になるまでは生きていてくれるものと思っている私たちにとって、子どものうちに親を亡くすのは不条理だと感じる出来事です。だから不安を感じるのも当たり前だし当然です。

科学的に証明することはできませんが、私はこれまで家族を亡くした子どもが年齢を遥かに超えた深い知恵を発揮するのを目の当たりにしてきました。そんな子どものことを「老成している」（"old souls"）と言うひともいます。おそらく、親しいひとが一瞬で奪われるという人生の儚さを早くに知ったために、早くから成熟せざるを得なかったのではないでしょうか。ほとんどのひとが大人になるまで手にすることのない、スピリチュアルな気づきを得たのでしょう。

親が亡くなってからのあなたの状況は、不安や恐怖を感じる事情でいっぱいだったのかもしれません。親の死以外にも、様々な喪失や変化があったことでしょう。引っ越しや転校、きょうだいと別れて暮らしたり。またはあなたを無視したり、嫌う大人とひとつ屋根の下で暮らさなくてはいけなかったかもしれません。感情的にも、現実的にもあなたは見捨てられた存在で、自分で自分の面倒を見るしかなかったのかもしれません。

　より大きく長期にわたって問題になるのは、こういった不安や恐怖をあなたが大人になってからも感じ続けたかどうかです。たとえそうだったとしても、あなたが背負ってきた重荷は永遠のものではありません。どうしたら良いかはあとで検討しましょう。

　もし8にチェックしたなら、あなたの経験は本当に貴重なものです。親の死後に、不安や恐怖が減ったという子どもは本当に珍しいのですが、この十五年のあいだで何人かの子どもに出会ったことがあります。そのうちのひとりのジョシュアは十歳の男の子で、アルコール依存症の父親から身体的な虐待を受けて育ちました。彼は父親が亡くなって良かった、楽になったと語りました。なぜかと言うとジョシュアもお母さんも父親の予測不可能な暴力に、それ以上さらされることを恐れる必要がなくなったからです。

　ジョシュアのような子どもたちのおかげで、私は亡くなった方のことを、はじめから「愛するひと」と呼ばないほうが良いということに気づきました。すべてのひとが家族にとって「愛する」と言える存在ではないからです。確かにお葬式で誰かが突然立ち上がって、会葬者に「さあ、認めようじゃないか。みんなあいつが死んでほっとしたんじゃないか？　お祝いしよう！」と呼びかけるような場面に出くわしたことはありません。でも、子どものなかには、親のことを嫌ったり、複雑な感情を抱いている子も確かにいるのです。特に虐待をしたり、心の病を抱える親の場合はそうなのです。

また、想像されるように、親の死を喜ぶことは、「社会的に許容される」反応ではありません。そのため、このように感じる子どもはより一層孤独で、自分は普通ではないと感じてしまいやすいのです。


以前よりも自尊心が高くなったと思うか、それとも低くなったと思うか？

9 □ 自分にあまり自信を持てなかった。
10 □ 自分は他の誰にも負けないと思った。

9にチェックされたなら、それは死別を経験した子どもの一般的な反応です。悲嘆を経験した子どもは、そうでない子どもに比べて自尊心が著しく低いということを、いくつもの研究が示しています。社会的な成功に自尊心がどのような役割を果たすのか、またどうしたら自尊心を「測定」できるかということについては議論があります。ですが、それでも自分を肯定的に捉えられるときのほうが物事をうまくやれるし、気分も良く、まわりのひとも大切にしやすいということには、ほとんどのひとが賛成されるのではないでしょうか。

十三歳のネイサンはこのように語ってくれました。「お父さんが死んで、まるで世界が崩壊したみたいでした。お父さんが助けてくれなければ、もう何もできないって思ったんです」。

ここで大切なのはもしお父さんが生きていたら、実際に何をしてくれたかということではありません。もうダメだと思い込ませていたのが、ネイサン自身だったということが大切なのです。お父さんが生きていたら、本当に彼の願いを叶えてくれたかどうかというのはまた別の話なのです。

この点をきちんと分けて考えなくてはなりません。自分に価値があると感じられるかどうかは、客観的な事実より、自分をどんな言葉で語るかのほうが重要なのです（そもそも「客観的事実」など存在しないという立場の方もいますね）。これは自尊心だけの問題ではなく、さまざまな形の自己評価にも当てはまります。社会的に成功していても自尊心の低いひとはたくさんいます。逆に暮らしぶりからは、どうしてそんなに自己評価が高いのかわからないと思えるようなひともたくさんいます。

まわりのひとがあなたをどういうひとと考えているか（むしろ、どんなひとだと「信じているか」のほうが正しい表現かもしれません）よりも、あなたが自分のことをどんな人間として語るかのほうが自尊心に対する影響が強いのです。

そんなふうには思えないこともあるでしょう。でも実際のところ、あなたが自分自身をどう感じるか、決められるひとなどあなた以外には誰もいないのです。もちろんだからといって、他人からなんの影響も受けないというわけではありません。それでも大人になった私たちには、子どもの頃からのパターンをこれからも続けていくのか、それとも自分の感じることを決められるのは自分だけだと理解するのか、自分で決めることができるのです。

もしあなたが親を亡くしてから自分はダメだという思いに苦しみ続けてきたのなら、その気持ちはあなたが自分について語る物語や、誰かに植え付けられた物語と何か関係しているかもしれません。それはけっして珍しいことではありませんが、大人になったあなたにはその運命を変えることができます。

世界は自分の思うようにならないと感じたか、それとも何が起こるかは自分次第だと感じていたか？

11 □ 世界は無秩序で、自分の思うようにはならないと思った。
12 □ 自分の運命は自分で決められると思った。

11にチェックしたら、あなたの経験は死別経験のある子どもの典型に近いと言えます。先ほどはこの点を「死別経験のある子どもは外的統制の傾向が強い」という形で表現しました。このような感覚を、物事が降りかかってくると表現することがあります。何が起こるか、自分にはどうしようもないという気持ちをあらわすのにぴったりな表現ではないでしょうか。

子どもというものはそもそも自己中心的な存在で、世界は自分を中心にまわっていると信じているものです（お子さんのいる方はきっと賛成してくれるのではないでしょうか）。私たちの社会では、夫婦と子どもが同じ家で暮らす核家族という家族の形が一般的とみなされています。ところが実際には、すべての子どもの約半数が両親の離婚を経験し、多くの子どもが核家族とまったく異なる形の家族によって育てられています。

離婚の子どもに対する影響や、親との死別との比較について触れるには良いタイミングかもしれません。基本的に、私は離婚と死別のどちらが大変なのか競い合うようなことには関心がありません。将来への悪影響を防ぐため、いつ、どのようなときに、どうやって支援したら良いか明らかにすることは大切ですが、まだどちらがより困難なのかをきちんと結論づけられるほど質の高い研究があるとは思えません。

離婚でも死別でも、家庭は安心できる場だという子どもの想いが砕け散ってしまったのです。自分ではどうすることもできなかったことなのに、子どもたちは自分にも何か責任があると感じているかもしれません。離婚も死別も、それを経験した子どもは世界が予測不可能で、何が起こるのか自分にはどうすることもできないと感じてしまっているのです。

実際のところ、この世界で起こる物事の多くは私たちの思い通りにはできません。それでも、自分も世界に対して働きかけることができると感じられること、つまり統制感という考え方が大切です。なぜかと言えば、あなたが世界は基本的に無秩序で自分にできることは何もないと感じていたとしたら、たいていのことは自分になんとかできると感じているひととはまったく違う行動をするようになるからです。

あらゆることを自分の願いどおりにすることなど不可能だと、誰もが知っています。それでも私たちは、物事を決めるのが自分なのか、それとも自分以外の何かなのか、どちらかに傾きがちです。あとでお話しするように、この点に関してどちらに傾くのかが、大人になってからの人生がどのようなものになるのかを決める鍵になるのです。

自分の将来に対して楽観的だったか？　それとも悲観的だったか？

13 □　自分の将来があまり明るいものだとは思えなかった。

14 □　やろうと決めたことはなんでもできると思った。

13にチェックした方は、14にチェックした方よりも死別を経験した子どもの標準に近いです。親を亡くされたときには、将来に関する現実的な心配事がいくつもあったのではないでしょうか。もし家庭の経済的な基盤が不安定になるような状況だったら、一層心配だったはずです。

例えば、自分は大学に行けるだろうかなどと、将来を不安に思われたかもしれません。将来の見通しが不透明になったのですから楽観的でいられないのも当然です。

親が亡くなったあと、家族がバラバラになってしまった方もいるでしょう。なかにはあなたのことを大切に思わない大人に育てられた方もいるかも知れません。里子に出されたり、逃げ出して路上生活を送らなくてはいけなかったり、刑務所に入れられて将来に希望を持てずに過ごした方もいるかもしれません。

親を亡くしたあとに置かれたあなたの環境がどのようなものだったとしても、それを明るく希望に満ちたものに変えるのに、いまからでも遅すぎるということはありません。

これまでお話ししてきた研究で明らかになった七つの知見からもわかるように、死別したときの経験だけでなく、その後どんな人生を送ってきたのかということも大切です。抑うつ、健康問題、学業成績の急降下、不安の高まり、自尊心の低下、外的統制感の高まり、将来に対して少し悲観的になること。こうしたことは親を亡くした子どもによくある反応です（つまり、「普通」のことなのです）。

次に確認していただきたいのはこのことです。左記の症状のうち、大人になってからも続いているのはどれでしょうか？

・大人になってからも、頻繁にうつ状態になる。
・これまでかなりの健康問題や怪我を経験してきた。
・自分の可能性を十分生かしてきたとは思えない。
・恐怖や不安をたくさん感じる。
・自尊心が低い。
・自分の人生をコントロールできないように感じる。
・将来にあまり楽観的になれない。

もし当てはまるものがひとつもなければ、あなたは子どもから大人にとても健康的な成長を遂げたと言えます。次の章では、あなたがそれをどうやってやり遂げたのかを検討していきます。

もしどれかひとつ、もしくはすべてが当てはまっていたとしても嘆いたりはしないでください。手遅れなことなどありません。あなたの親の死は、独立した出来事ではありません。次々と倒れてゆくドミノのように、様々な変化や喪失も引き起こしていきました。ですから、あなたに影響したのは、親が亡くなったという事実だけではありません。あなたがどのように対処して、いまのあなたになったのかということには、三つの重要な要因が影響しています。

次の章では、まずひとつ目の要因がどのようなものかを説明します。お読みいただければ、この要因がいまのあなたにどれくらい影響してきたのか計ることができます。

第３章

失ったのは、親だけではなかった

父が亡くなったとき、失ったのは父だけではなかった。
ある意味、母も失ったように感じた。
それ以外にも、たくさんのことが変わってしまった。
自分はまるで打ち出されたピンボールの弾のように、
あらゆるものにぶつかっては、それも失くしてしまった。
――テランス　三十二歳。八歳で父を亡くしたときの自分を振り返って

親との死別があなたにどう影響したのかを十分に理解するためには、死別後にどんな変化が起きたのかを振り返ることが必要です。例えば、親の死後にどんな出来事が起きたのか、死別が他にどんな変化を引き起こしたのかなどが挙げられます。

子どものころにあなたが親の死に対処するために取った方法は、死そのものだけでなく、それが引き起こした様々な変化からも影響を受けています。死別によって生まれた新たな状況は、次々と倒れるドミノのように連鎖的な影響を引き起こし、あなたの回復のプロセスをより複雑なものへと変えてしまったかもしれません。そして最終的には、死の状況やあなたが死をどう

理解したのか――つまり、あなたが自分自身に親との死別をどのように語ってきたか――が、過去も現在もあなたに影響し続けているのです。

本章では、親が亡くなったときの状況や死別が引き起こした副次的な変化、そしてその副次的な喪失の痛みの強さが、いかに親との死別に対処するあなたの能力に影響したのかを見ていきます。

副次的変化の影響

親が亡くなったとき、親の死そのもの以外で、あなたはどのような変化を経験したでしょうか?

これからダギー・センターに来ている子どもたちが、親の死後に経験した喪失体験をいくつかご紹介します。あなたにも似た経験がないか確認してみてください。

日々の過ごし方が大きく変わった

これまでの研究によれば、生活習慣の変化が少ないほど、子どもたちは親を亡くしたあとでもうまくやっていきやすいようです。よくある変化としては、誰とどこで寝るのかという就寝形式やその時間、いつ食事を取るかということなどが挙げられます。

例えば、就寝形式に関する変化には、パートナーが亡くなったあとで、遺された親が子どもと一緒に寝るのを受け入れるようになることがあります。それが良くないと言っているわけではありません。子どもにとっては、こうしたこともひとつの変化になる、ということなのです。他にも食事の時間が不規則になったり、家族の毎日のスケジュールが劇的に変わることも珍しくありません。しかも、亡くなった親と一緒に楽しんでいたことはもうできないか、もう楽しいことではなくなってしまっているのです。

十五歳のシェラは、いつも応援に来てくれていたお母さんがいなくなってしまってから、ソフトボールをしても楽しくないと語りました。一方、彼女の二つ年上のお姉さんのキャラは、いまでもお母さんが応援に来てくれていると信じ、それまで以上にバスケットボールを楽しみ、情熱を燃やしています。

反応がどのようなものであったとしても、それまでしてきたことが変わるのは、親の死が私たちに幾通りもの形で影響しているということを思い出させてくれます。

あなたの親が亡くなったとき、それに伴って起きた変化はどんなものだったでしょうか？

遺された親があまりに深く悲しみにひたり、自分の「そばにいる」ことがなかったため、両親をふたりとも亡くしたかのように感じたこともあった

パートナーを失い、ひとりで子どもの世話をしなくてはならなくなったとき、心身の疲弊を感じる親は少なくありません。なかには、子どものほうが遺された親の面倒を見たり、亡くなった親の役割を引き受けざるを得ないこともあります。

パートナーを亡くすことの精神的な消耗は激しく、慢性的な疲労や悲嘆による混乱もあるため、子どもの面倒を見る気持ちの余裕のない親も少なくありません。その一方で、子どもの要求に応えるために、自らの悲嘆を一時的に「保留する」親もいます。そのようなとき親は過保護になりがちで、子どもも息を詰まらせているかもしれません。

また、遺された親が別人のようになり、まるで両親をふたりとも亡くしたかのように感じる子どももたくさんいます。あなたも両親をともに失ったように感じたことはありますか？

死別、または育児放棄のために両親をともに失ったという方もいるかもしれません。なかには、なんらかの理由で親がひとりしかいなかった方や、遺された親とは別居していた方もいるでしょう。もしそうであったのなら、あなたはおそらく、自分で自分を育てるしかなかったのではないでしょうか。

家族の関係性が変わってしまった

家族のひとりを亡くしたことで生じた溝が、家族全体のバランスを崩してしまうことがあります。まるで小さなパーツをひとつ取り外しただけで、それまで天井から吊され美しく回っていたモビールが傾いてしまうようなものです。こうしたことは単なる日常的な習慣を変えるだけでなく、家族の関係性そのものを劇的に変えてしまう可能性があります。

これまで、たくさんの子どもが死別後にいかに家族のコミュニケーションが変わったか話してくれました。変化が大きくなった理由としては、親の死にどう向き合ったら良いか家族で話すことができなかったということがよく挙げられます。それから遺された親を「守る」ために、亡くなった親のことを話さないようにしたという子もいます。過去にあまり経験したことのない感情に向き合わなくてはならないのに、家族みんなのやり方があまりに違うため、関係が緊張してしまいやすいのです。

あなたの家族にはどんな変化が起きましたか？　もしあなたにきょうだいがいたら、そのきょうだいとの関係にはどんな変化があったでしょうか？　遺された親との関係はどうでしたか？

家族が完全にバラバラになった

親の死後、家族が完全にバラバラになってしまった方もいるのではないでしょうか。そして、お金や親族の圧力、または労働力のためといった不健全な理由のために、親戚や誰か見知らぬひとのところに預けられたりはしなかったでしょうか？（誰にも世話してもらえずに、ただ無視されるだけだった方もいるかもしれません。）

なかには、親が生きていた頃からすでに家族が機能不全に陥っていて、死後には状況がさらに悪化したという方もいるでしょう。あなたは文字通り、ひとりで生きなくてはならなかったのかもしれません。

あなたは、ひとりで育ち自分で自分の面倒を見たり、虐待や無視をする大人と一緒にいざるを得ない自分に気づくことはなかったでしょうか？

家族のなかの責任が重くなり、受け持つ家事の量が増え、早く大人にならなくてはいけなかった

子どもの頃に親を亡くしたひとの多くが、自分は子どものままではいられなかったと言います。親を亡くしたことで世界が一変し、幼い頃から色々な責任を負い、自分ひとりで喪失の痛みに対処するしかありませんでした。そのため、同じ世代の子どもが経験したことのないくらい、早く大人になることを強いられたのです。それは必ずしも悪いことではないかもしれませ

ん。それでも、大人になってから自分には子どもらしい時期がなかったと感じる方もいます。あなたには、子どものままでいられる時間はありましたか？　十代を楽しく過ごすことはできたでしょうか？　それとも心の準備が整わないまま、「大人」と言われる年齢になるよりも前に、大人の世界に放り込まれてしまったと感じるでしょうか？

見知らぬ土地に引っ越した

親の死後、経済的な理由などから、親戚の家の近くなどに引っ越した方もいるかもしれません。なかには州をまたいだ遠方に引っ越したという方もいるでしょう。見知らぬ土地では、落ち着いて安心できる環境を見つけるのは簡単なことではありません。

親を亡くすということは、くつろいでいた絨毯を突然、引き剥がされるような経験です。そこに他の変化が加わり、どうしようもなく無力になってしまうことがあります。特に劣悪な環境に引っ越したような場合はなおさらです。

ごく珍しいことですが、逆に引っ越して良かったと言う子どももいます。自分の過去を知るひとがいないため、物事をやり直しやすいからです。ただし、より多くの子どもは親の死後の引っ越しをつらいと感じています。

進学・転校をした

引っ越しをせずとも、新しい学校に転校した方もいるのではないでしょうか。小学校から中学校、中学校から高校への進学もそのひとつと考えてください。

ほとんどの子どもが学校を移るのは大変なことだったと言います。良い変化だと語る子はほんのわずかです。すでにたくさんの変化を経験しているのに、さらに新しい学校にも適応しなくてはならないのですから簡単なことではないでしょう。

逆に、学校を変わって、親が亡くなったことなど知らない新しい友だちとやり直せたことを良かったと感じた方もいるかもしれません。

もしあなたに学校を移った経験があったなら、それはさらなる困難につながったでしょうか？

友だちを失った

新しい土地へ引っ越して、それまでの友だちを失った方はいないでしょうか。あるいは引っ越しではなく、親を亡くしたあなたに対する態度が原因で友だちを失った方もいるかもしれません。親の死にどう反応したのかが、その友だちとの付き合いを決定的に変えた瞬間だったと語る思春期の子どもはとても多いのです。

十六歳のブリアナは「本当の友だちが誰だったかよくわかった」と言いました。「心配してくれるひと、そうじゃないひとが誰かなのか、よくわかりました。本当の姿を知って、疎遠になった友だちもいます」。

友だちに期待することは子どもによっても違います。親の死には触れず、以前とまったく同じように接して欲しい子もいますし、自分の喪失を分かち合えるよう気遣って欲しいという子もいます。長い目で見て大切なのは、友だちはどうすべきかといった普遍的な基準ではありません。それよりも、あなたが望むように友だちがしてくれたかどうかが大切です。

友だちはあなたと一緒にいてくれましたか？　友だちの反応を見て、友だちづきあいをやめてしまったということはありませんでしたか？

金銭的な問題で生活が変わった

親の死によって、金銭的に余裕がなくなることも家族には大きな困難です。ときには、それまで働いたことのなかった親が、はじめて仕事を探さなくてはならなくなることもあります。思春期に入っている子どもだと、大学進学は諦めなくてはいけないのではないかと不安がることも珍しくありません。経済的に苦しくなると、将来を不安に感じたり、見通しが立てられないと感じることは珍しくありません。

親の死後、あなたは金銭的に苦しくて、不安になったことはないでしょうか？

まったく知らないひとに世話されるようになった

親が亡くなったあとで、子どもがそれまでまったく知らなかったひとと関わるようになることがあります。それがベビーシッターや子守りのような、自分の面倒を見てくれるひとでも、見知らぬひとと新しく関わるようになることは、子どもにとって常に歓迎すべきこととは限らないのです。

死んでしまった親の代わりに一家の父（母）親になった

自分でも気づかないうちに、子どもが亡くなった親の役割を代りに担ってしまうことがあまりによくあります。男の子なら代理の父親に、女の子なら代理の母親になるのです。

これまでたくさんの男の子からお葬式などで、直接こう言い聞かされたという話を聞きました。「これからは君が一家の主だ。お母さんのためにも強くならないといけないよ」と。女の子も「お母さんが亡くなったのだから、これからはあなたがお父さんの面倒を見てあげないといけないよ」と諭されたという話を聞きました。ときには知ってか知らずか、遺された親がこうした行為に加担してしまうこともあります。

親の死後、あなたも亡くなった親に代わって家族を支える役割を担ってはこなかったでしょうか？　もしそうだとしたら、意識するしないに関わらず、これまでずっとその役割を演じ続けてきたのかもしれません。

それに加えて、年長の子どもが妹や弟の面倒を見る責任をより強く感じるようになり、親のようになってしまうこともよくあります。

親が亡くなったとき、あなたは長女、長男ではありませんでしたか？　そのために妹や弟のため、亡くなった親の役割を引き受けたりはしなかったでしょうか？　もしそうだとしたら、その役割がいまでもあなたのきょうだいや、他のひとたちとの人間関係になんらか影響していると思ってください。

ペットを亡くした

親の死後にペットを亡くすことが、さらなるトラウマ体験となってしまうことがあります。

子どもも大人も、ペットに心の安らぎや安心を感じることは珍しいことではありません。それなのに私たちの文化では、その重みが軽んじられやすいのです。ペットを亡くすことが、つらく、心をかき乱される経験になることはよくあることです。

特に、死別を経験した直後にペットを失くすことは、よりつらい経験になりやすいのです。

それは死別が重なったことや特別な絆を感じるペットを失くしたこと、もしくはこの両方が一緒になったことが原因でしょう。

あなたは親の死後、可愛がっていたペットを亡くしたりはしませんでしたか？

他の家族も亡くした

複数の死別を経験したあとに、世界が危険で予測不可能な場所のように感じられることは「過重死別（bereavement overload）」として知られています。

十七歳のブライアンは、わずか六ヶ月のあいだにお父さんをがんで、お母さんを心臓まひで亡くしたために、まわりのひとがみんな死んでしまうのではないかと思ったそうです。「ぼくの好きなひとや大切なひとが、みんな危険だと思いました。世界は残酷で冷たく、無慈悲だと思ったんです」。

家族を何人も亡くして、自分は不吉な運に見舞われているんじゃないかと思う子どももいます。あなたも同じような心配や、恐怖を感じたことはありませんでしたか？

友だちを亡くした

もうひとつの過重死別は、親に続いて友だちを亡くすというものです。若者のなかには、繰り返し大切なひとを失うことを恐れて、ひとを愛したり大切にすることができなくなったと言うひともいます。

また、友だちを亡くしたときには、自分の命も儚いものだと感じやすいものです。年上のひとの死は、合理的に説明することもできるかもしれません。でも、もしあなたと同じ年齢のひとが亡くなったのなら、あなた自身の命もいつ失われてもおかしくないのだと、意識せざるを得ないからです。

あなたは親を亡くしたあとに、友だちも亡くしたりはしなかったでしょうか?

親が交際をはじめた

親が新しく交際をはじめたり、パートナーを見つけたりすることを歓迎する子どももいます。しかし多くの子どもはこの新しい展開を、亡くなった親、または子どもに対する裏切りだと感じるようです。

特に、その新しいパートナーを好きになれないときには、そのような気持ちになりやすいようです。亡くなった親の立場を取られてしまったとか、親がもう子どものことなど、どうでもいいと思っているように感じるのかもしれません。

あなたにもこのような経験はありましたか?

親が再婚した

特にお互いに子どものいる親同士の結婚は、家族のメンバーを深く動揺させることがあります。再婚相手に子どもがいなかったとしても、家族は家庭に持ち込まれる新しい習慣や考え方に向き合わなくてはなりません。

また、多くの子どもが、新しい「親」に対して怒りを感じ、しつけのような親としての関わりを拒否します。虐待などが原因で、亡くなった親との感情的なつながりがほとんどない場合のように、新しい親をむしろ受け入れ、歓迎することもあります。それでも新しいメンバーが加わるということは、家族の役割や雰囲気を本質的に変えてしまうことなのです。

もしあなたの親が再婚していたのなら、あなたはそのことにどう反応したでしょうか？

きょうだいと離ればなれになった

わたしの知る限り、親の死後にきょうだいが離ればなれになることを望んだ子どもはひとりもいませんでした。あまり仲の良くないきょうだいでも同じです。親を亡くして、家族がどれほど大切な存在か気づいたからなのかもしれません。

子どもたちはこんなことを言います。「親が死んだとき、遺されたのは私たちきょうだいだけでした」、「それからはわたしたちのあいだの距離も縮まりました。以前とは違うやり方で、お互いを支え合わないといけなかったからです」。

お姉さんやお兄さんは、安心させてあげられなかったと感じるからか、妹や弟の問題には責任を感じることがあります。一方、妹や弟たちは、お姉さんやお兄さんに面倒を見てもらえず、見捨てられたとか、裏切られたと感じることがあります。実際にそれが正しいことも、そうでないこともありますが。

親を亡くしたあと、あなたはきょうだいと離ればなれになったりはしなかったでしょうか？

もしこれまで説明してきた変化があなたの経験に当てはまっていたら、その数と深刻さにしたがって、あなたの回復のプロセスは複雑なものになっていたかもしれません。親を亡くすということは、それだけですでに十分大変なことです。それなのに他の色々なことまで変わってしまったとすれば、失われた方向感覚を取り戻すのはとても難しくなります。

研究によれば、親の死後に変化したことの数が多いほど、喪失からの回復プロセスに対する影響も強くなるそうです[1]。特に子どもの場合、複数の喪失がいくつも重なると、その影響力は破壊的なものになってしまうことがあります。

多くのひとは、あらゆる変化がそもそも喪失なのだということを知りません。しかし、物事が変わることとは、たとえそれが新しい機会を得たり、良い方向に進むものだったとしても、すべてが喪失なのです。その変化を良いものだと思っても、悪いものだと思っても、変化とは何かを失うことなのです。何か良いものを得たとしても同じです。

ところが、死に関する変化が良い変化とみなされることはほとんどありません。長く苦しんだあとに訪れた、ある意味で解放と感じられるような死であったとしてもそうなのです。

これがもし、転職するかクビになるか、どちらかを選ばなくてはならないような状況であれば、転職を選ぶのは難しいことではないかもしれません。しかしこのような場合でさえ、何かを諦めたり、妥協することは避けられません。そしてその結果として、どうしたら良いかわからず、不安で落ち着かない時間を過ごさざるをえないのです。

自分の力ではどうすることもできないような変化が起きたとき、私たちはできることはなんでもして、なんとかこの不安定な状況を変えようとします。平衡を取り戻し、安心を回復させようとします。死は大人と同様、子どもにとってもバランスがとても大きく崩れる出来事です。それはまるで、ゆったりと寛いでいるときに足元の敷物を強引に引き剥がされるような体験で

（1） J. W. Worden, *Children and Grief: When a Parent Dies* (New York: Guilford Press, 1996).

なのです。ですから安定した足場を取り戻すためにはまず、そのときに受けた傷を癒やす時間が必要なのです。

子どもの頃に親を亡くし、そのあとに起きたいくつもの変化によって人生を大きく揺さぶられたひとたちの語りを聞いていると、そこには二つのグループがあることに気づきます。もしあなたが親を亡くしたあと、他にもたくさんの変化を経験したのなら、この二つのグループのどちらかに当てはまるかもしれません。

三十九歳のローズが教えてくれた最初のグループは、変化をものすごく恐れるひとのグループです。「変わらずに居続けてくれるものなんてこれまでひとつもなかったし、これからも絶対にないと思っていました。そして大人になってから、自分がまわりの友だちや家族に、いつも誠実で頼りになる存在でいて欲しいと思っていることに気づいたんです。物事が変わることが大嫌いで、受け入れられませんでした」。

まったく正反対なのが、五十二歳のマークです。彼はこんなふうに信じています。「子どもの頃に父が亡くなってから、いつも変化に適応しないといけませんでした。でも、それは結果的には良いことでした。何が起きたって大丈夫だって思うようになったのですから。むしろ、変化は私の生きがいで、もし状況があまりに安定して変わらずにいたら私は飽きてしまうのです」。

変化を好もうと嫌おうと、極端な見方には良い影響、悪い影響のどちらにもつながる可能性があります。そしてこれがどちらに傾くのかは、あなたの解釈次第なのです。

親が亡くなったあとに生じた変化へのあなたの対応が、いまのあなたの人生にどう影響しているか、それがあなたの助けになっているか、それとも障害になっているのかという点については、あとの章で検討します。

亡くなったときの状況があなたの回復に及ぼした影響

あなたの親の死がどんな状況で起きたのかということも、この人生を変えてしまうような出来事にあなたがどう対処したのかに影響する要因のひとつです。これから説明する出来事を、あなたも経験しなかったかどうか見ていきましょう。

突然の予期せざる死と、予期していた死

突然の予期せざる死が、その唐突さゆえに一部の子どもにとってはよりトラウマ的になりうることを示す研究があります。

交通事故で母親を亡くした十歳のブライアンはこう言います。「一分前までお母さんはいたのに、次の瞬間にはもういなくなっちゃった。さようならを言う時間もなかったし、ごめんなさいも言えなかった。何も言えなかったんだ」。

それ以外にも、長期にわたる病気のあとの死に苦しむ子どもたちもいることを示す研究もあります。特にその病いによって親の精神、身体、感情の衰弱が見られた場合にこうした傾向は顕著です。悪化していく親の病状に対応することに家族の時間とエネルギーが費やされるため、子どもの感情的、身体的なケアをする時間も体力も残されていないということがよくあります。親が少しずつ弱り、別人のようになっていくのを見るのがつらいという子どもも少なくありません。楽しかった頃の記憶や、健康で元気だった頃の親の姿を覚えているからこそ苦しいのでしょう。

親の病状が終末期になると、真実から遠ざけられる子どももいます。家族から秘密にされ真実を教えてもらえないと、子どもは自分が大切な存在ではなくて価値がなく、まるで騙されているかのように感じてしまいます。

ここで大切なのは、突然の死とある程度の期間病気を患ってからの死のどちらが大変なのかという永遠の議論に答えを出すことではなく、親の亡くなり方があなたにどう影響したのか理解することです。

親が亡くなったとき、あなたはいったいどんな状況にいたでしょうか。そして、それはあなたにどう影響しましたか？

自殺と殺人（一）

一九八六年から自殺や殺人で親を亡くした子どもたちに関わってきて、そのような経験をした子どもは誰もが、癒やしの過程でさらなる障害を経験していることを知りました。どちらも警察がからみ、後ろ指を指されるような経験をともない、さらにもし何かが違っていれば死を防げたのではないかという感覚がつきまとうからです。

自殺

家族の一員が「どうして自分の家族が死ななくてはならなかったのか」と問いかけるのは珍しいことではありません。特に自殺で亡くなった場合、その気持ちが強まる傾向があります。

（一）本書の自殺・自死という表現の使い分けは、全国自死遺族総合支援センターのガイドライン「「自死・自殺」の表現に関するガイドライン――「言い換え」ではなく「使い分け」を――」（全国自死遺族総合支援センター、二〇一三年）に基づき、行為については「自死」ではなく「自殺で亡くなった」などの表現を用い、遺族・遺児については「自死」を用いて「自死遺族」などとした。（M）

自殺を防ぐために何かできることがなかったのか、または親を絶望させたのは自分ではなかったのかと思い悩むうちに、しばしば罪悪感や恥、そして怒りが募ってくることがあります。

私が親の自殺が子どもに与える影響をテーマにした博士論文の研究に取り組んでいたときに、六歳から十六歳の子どもたちに、「自殺を防ぐために自分にも何かできたのではないか」と考えたことがあるか尋ねたことがあります。すると、誰もがこの質問になんらかの形で「はい」と答えたのです。

そのときの答えにはこんなものがありました。「お父さんに喜んでもらうためにもっと頑張るべきでした」「父がモンタナ州に行こうとしたとき、僕が飛行機のチケットをすべて買い占めてしまえば良かったんです。父がうつ状態だということは知っていましたし、その状態で行くにはけっして良い場所ではありませんでしたから」「あのとき、お父さんに学校が終わったら迎えに来てとお願いすれば良かった。そうすれば救えたのかもしれなかったのに」。

さらに、自死遺族には社会的なスティグマ（二）が何度も刻みつけられるため、孤立や孤独の感覚を強めていきやすいところがあります。ダメな家族、おかしい家族、病んだ家族と評価され、自分たちもそのように感じるようになってしまうのです。

このようなことが起こるのは、家族の誰かが自殺することもあるという考えから自分を守ろうとする、防衛機制（三）が働いているからではないかと思います。それだからか、私たちの社会では自死遺族に対しては、それが大人でも子どもでも、あまり助けたり、慰めることをしません。もしあなたの親が自殺で亡くなったのなら、そのことを恥ずかしく感じたり、戸惑ったりしたことはありませんでしたか？

子どもたちが、まるで親から自殺の遺伝子を受け継いでいるかのように、自分も自殺するよう「運命づけられている」と考えてしまうことがよくあります。実際のところ、親が自殺で亡くなった家族では、自殺による死亡率が高く、「自殺は遺伝する」という考えを裏付ける研究もいくらかあります。もしあなたの親が自殺で亡くなっていたのなら、あなたもより自殺に引き寄せられやすいと考えられる理由が二つあります。

まず、あなたの親が自殺は痛みから逃れる方法のひとつだと例を示したこと。もうひとつは、脳内物質が自殺の誘引になることには、多くの医学的な証拠があるからです。一般的な言い方

（二）　スティグマ（stigma）とは、それを持つひとびとに対して、差別や否定的評価を付与することが社会的に合意されているある特定の属性のこと。もとはギリシア人が奴隷や犯罪者の身体に烙印を刻んだことがはじまり。アメリカの小説家ナサニエル・ホーソンの『緋文字』（一八五〇年）では、不貞行為を行ったことを理由に姦婦（adulterss）を意味する赤い「A」の文字を服につけさせられた女性が描かれた。（N）

（三）　防衛機制（defense mechanism）とは、もともとは精神分析の用語だが、現在は心理学および精神医学で、受け入れがたい状況、または潜在的な危険な状況に晒されたときに、それによる不安を軽減しようとする無意識的な心理的メカニズムを指している。（N）

で言うと、自殺を選ぶひとの脳は正常に機能していない、ということです。それなのに私たちの社会では、脳という臓器が正しく機能していなかったひとに対しては、同じように肝臓や肺、心臓などの臓器が正しく機能しなかったことが原因で亡くなったひとと異なる評価を下すのです。それがアルコール依存や喫煙のように、そのひと自身の行動によって引き起こされた死ですらそうなのです。

アルコール依存のような、脳内物質のアンバランスで生じる病いは部分的には遺伝的なものです。したがって、親が心臓病や乳がん、糖尿病の既往歴を持っていると子どもが同じ病気を発症しやすいのと同じように、親を自殺で亡くした子どもにも、自殺を選びやすい可能性があるのです。でもだからといって、それが運命だとか、避けられないと言うわけではありません。

四十五年以上にわたってこの問題に取り組んできた著名な自殺学者のエドウィン・シュナイドマン（Edwin Shneidman）は、著書『自殺者のこころ（*The Suicidal Mind*）』[2]と『シュナイドマンの自殺学——自己破壊行動に対する臨床的アプローチ（*Suicide as Psychache*）』[3]に、結局のところ自殺は三つの要因が重なり合ったときに生じると書いていますが、私はこの説にはとても説得力があると感じます。彼の言う一つ目の要因は、心理的な痛みの限界に達し、死以外にそこから逃れる方法を見つけられないこと。二つ目は、銃、ナイフ、薬といった道具が利用できること。三つ目は、「攪乱（perturbation）」と彼が呼ぶ、苦痛や不安を耐え難いと感じる動揺した状態です。これら三つの要因が重なり合ったとき、自殺しようとする行動は、阻止が不可能とまでは言えなくとも、少なくとも実行されることは避けがたくなります。

自殺の恐れを低くするためには、少なくとも三つの要因のどれかを減らす必要があります。つまり、心理的苦痛を緩和したり、自殺に利用できる道具を使えなくしたり、不安を和らげることが必要です。

すでにお気づきかもしれませんが、わたしは「自殺した（committed suicide）」という一般的な表現を使っていません。それはこの表現が、自分ではどうしようもなかったひとたちを、間違った理解に基づき、不当に非難するものだと思うからです（もしその方たちにできることがあったのなら、自殺を選ぶことはなかったはずです。言いかえれば、もし心が正常な状態に保たれていたのなら、自ら命を断つことなどなかったのではないでしょうか）。

ただし、自らの意志によって行われる自死（rational suicide）、つまり終末期における医師の援助を受けた安楽死（physician-assisted suicide）または尊厳死（Death with Dignity）は、まったく別です。ここでは議論の対象としません。

（2） E. Shneidman, *The Suicidal Mind* (Oxford: Oxford University Press, 1996).

（3） E. Shneidman, *Suicide as Psychache* (Northvale, N.J.: Jason Aronson, 1993).

「犯す（commit）」という言葉は、不倫、殺人、犯罪、重罪（放火や強盗）のような否定的な行為と一緒になって使われる表現です。私は自殺を望むひとの心は正常に機能しなくなっているのだから、自殺が自らの意志で選択されたものではなくなる瞬間があると強く信じています。それはさきほどの自殺の三つの要因が高い強度で同時に生じたときです。このときに自殺の手段が手元にあったとき、自殺が生じるのです。もしそのような手段を得られなかったなら、自殺は防ぐことができます。

自殺を「安易な逃げ道」と呼ぶひともいます。でも考えてみてください。物事をしっかり考えられるひとにとって、手首を切ったり、橋から飛び降りたり、銃の引き金を引くことは本当に簡単なことでしょうか？

もしあなたの親が自殺で亡くなっていたならば、あなた自身も死んでしまいたいという気持ちに苦しんだことがあるかもしれません。それもおかしなことではありません。でも知っておいていただきたいのは、死にたい気持ちでいっぱいになってしまったときには、誰かに助けを求めることができるし、そうすべきだということです。

あなたは脳内物質のアンバランスさのために、うつや死にたい気持ちになりやすいかもしれません。でもだからといって、親が自殺したというだけで、あなたも同じかたちで死ぬように運命づけられているわけではありません。

もしこれまでに自殺したいと思ったことがなかったとしても、親の自殺に対する社会的なスティグマが、喪失からの回復を困難にしたり、あなたの人生に影響しているかもしれません。

殺人

自殺と同じく、私たちの社会は殺人事件の被害者にもスティグマを課すことがあります。人間には、自分にも悪い出来事が降りかかるという可能性から、自分を守ろうとする傾向があるのだと私は思います。だからひとは「殺人事件に遭うようなひとは、悪い場所で悪いことをしていた、悪いひとたちなんだ」と簡単に思い込んでしまうのです。

こういった一般的なスティグマだけでなく、それ以外のやっかいな問題も殺人にはあります。これには飲酒運転で激突して亡くなった場合も含みます（飲酒運転による「交通事故」ではないことに注意してください。わたしは飲酒運転は事故ではなく、運転手の選択によって起きたのだという、「飲酒運転に反対する母親の会（Mothers Against Drunk Driving）」の立場に賛同しています。もしあなたの親がお酒を飲んだり薬物を使用して運転しているときの事故で亡くなったり、さらに他のひとも巻き込んでいたなら、あなたは二重のスティグマを負わされているかもしれません）。

殺人事件は抑止可能です。だからこそ、罪悪感や「もしこうしていたら……」という気持ちが、遺された遺族を苛むのです。

メディアや司法機関が遺族にもたらすのは、必ずしも真実や正義ではありません。また、どのような判決が出たとしても、亡くなった方の人生を元通りにすることなどできないのですから、結局のところ真の正義など不可能です。

もしあなたの親が殺されたのなら、死別以外にもたくさんのストレスを経験されたことでしょう。司法手続きが長引き、いつまでも事件が終わらず、不確かな時間を過ごさなくてはならないということもそのひとつです。もしも犯人がみつかっていなかったなら、少なくともその点に関してはいまでも事件が続いているように感じられるかもしれません。たとえ犯人が死んだり刑務所に入れられたとしても、親を殺された子どもの多くはいつか犯人が自分たちのところにやって来るのではないかとか、誰かが自分を殺しに来るのではと怯え続けています。

殺人事件の遺族が怒り、復讐したいと思うのも理解できることです。こうした感情を建設的な方向に向けたり、前向きな行動に結びつけていくことができないとき、それはそのひとたちを消耗させ、傷つけるものになります。

親の遺体の発見者になったり、親の亡くなった事件にあなたも巻き込まれていた場合

十六歳のジェニファーは学校から帰宅したときに、母親が銃による自傷で亡くなっているのを発見しました。十歳のジェイソンは、ある朝ベッドで心臓麻痺で亡くなっている父親を見つけました。こうした情景はいつまでも頭から離れず、回復する力を著しく阻害することがあります。極端な場合には、ＰＴＳＤ（心的外傷後ストレス障害）〔四〕によるフラッシュバックなどの深刻な症状につながることもあります。

同じく、もし親の亡くなった状況にあなたが直接関わっていたとしたら、あなたにはさらなるハードルが課されているかもしれません。十七歳のアイコは、彼女が十二歳だった一九九五

（四）　心的外傷後ストレス障害（Post-traumatic Stress Disorder）とは、災害や戦争、重度の事故、性的暴行や虐待といった生命の危険や精神に強い衝撃を受ける出来事を直接経験したり、誰かがそのような出来事を経験するのを実際に目撃するか話に聞くなどによって生じる精神疾患。その出来事の記憶が何度も鮮明に蘇ったり、その出来事を思い出したり考えること、または関連するものを避けたり、孤立感や不信感などの否定的な感情が生じることなどが特徴的な症状とされる。（Ｎ）

年一月に阪神淡路大震災に遭い、神戸にあった自宅の崩壊に巻き込まれ、お母さんとともに家の梁の下敷きになりました。彼女は救出されるまでの六時間ものあいだ、身動きのとれないままお母さんが呻き苦しみ、助けを求めて叫ぶ声を聞いていたそうです。

彼女の母親は、病院に運ばれる途中で亡くなりました。アイコに遺されたのは自分自身の深刻な怪我と、忘れようのない母親のうめき声や何もできなかったという無力感だけでした。

その後もパニック発作や不安の症状に苦しんでいたアイコは、二〇〇一年の九月十一日、ニューヨークのワールドセンタービルにテロリストの乗った飛行機が激突したとき、はるか遠くの日本にいたにも関わらず、激しいトラウマの再発に見舞われました。このようなトラウマ体験の再発は珍しいものではなく、対処には専門家による支援が必要になるかもしれません。

このような苦痛をともなうトラウマの再発やフラッシュバックは、心理学者のアラン・ウォルフェルト（Alan Wolfelt）の言う「記憶の抱擁（memory embraces）」（五）とは違うものです。過去の出来事を思い出したり、その光景が蘇ってくるのはごく普通のことです。でももし、蘇ってくる光景がいつも苦しいものであったり、生活の妨げになるようなら、専門のセラピストに相談するのが役立つかもしれません。

亡くなった親との関係性

あなたの親の死への対処に影響したもうひとつの要因は、生前の親との関係性です。葛藤や未解決の問題を抱えていたひとの回復は、より複雑なものになります。

十七歳のダニエルの父親は、精神的・性的な虐待をする親でした。彼女の父親が亡くなったのは、虐待で有罪を宣告された数ヶ月後のことでした。そのとき、ダニエルは虐待なんてしたから死んだのだと思いましたが、それとは矛盾する考えが浮かんでくることもありました。もし父親のしたことを告発しなければ、まだ彼は生きていたかもしれない。だから自分には父親を告発した罪があると自らを責めたのです。もう虐待されることもないのだから、父親が死ん

(五) アラン・ウォルフレットの「悲嘆の十二の自由」のひとつに、「あなたには悲嘆の発作または記憶の抱擁を受ける自由がある」というものがある。「悲嘆の発作」とは、突然悲しみに襲われるなどさまざまな形で悲嘆が突然現れてくること。「記憶の抱擁」とは、亡くなったひとの記憶が突然蘇ってくることを意味する。ウォルフレットは、つらいことにもなりうるこのような経験を肯定的なものとして捉えるため、記憶を「思い出すこと」を記憶に包まれ「包容」されることと表現している (Wolfret, A.(1992). *Understanding Grief: Helping Yourself Heal.* New York, NY: Brunner-Routledge.)。(M)

で良かったと思うときもあります。でも死んで良かったと思うと、そのあとで「死んだひとのことを悪く言うのは良くない」と誰かに叱られ、いけないことをしたように感じたのです。このような矛盾した感情を繰り返すうちに、ダニエルは自分を傷つけるような考えと感情に囚われていってしまいました。

亡くなる直前に、親と最期に会ったときのことを、後悔いっぱいに語る子どもたちもいます。十歳のジョセフは、父親が亡くなる前の晩に彼と言い争いをしました。そしてそのことを謝ることができなかったために、後悔でいっぱいになってしまいました。彼も罪悪感から、本来はなんのつながりもない、父親の死と亡くなる前の晩のケンカを結びつけてしまったのです。

もしあなたの両親が離婚や別居、または不幸な結婚生活を送っていたのなら、多くの子どもと同じように、あなたも自分には何か責任があると感じているかもしれません。もしも親との最期の対面があまりよいものではなかったり、何か心配事があったとしたら、親が亡くなったあとの回復はおそらくより複雑なものになったことでしょう。

この章では、親の死にともなう喪失やその環境について振り返っていただきました。その際に覚えておいていただきたいのは、親を失うということはそのことだけですでに人生を変えるような出来事だということです。親の死によって生じた変化は、変化をさらに加速させ、あなたの人生の道のりを変えたかもしれません。変化したことの数、その深刻さ、そして親が亡くなったときの状況によっては、すでに困難な親の死への適応がさらに難しいものになってしまったかもしれません。

次の章では、親の死に対するあなたの適応に影響した三つの要因の二つ目について見ていきます。それは良いものも悪いものも、まわりのひとたちがあなたの親の死をどう扱い、それが子どものあなたにどう影響したのかということです。

第4章

まわりのひとたちは、あなたの悲嘆にどう影響したか

親との死別にあなたが過去、そして現在どのように対処しているかにはいくつかの要因が関わっています。昨日、地元の街で起きた悲劇的な事件の取材にやってきたメディアに対応していたとき、私はそのうち二番目に大きな要因と直面することになりました。

ある男性が疎遠になっていた二十三歳の妻の住むアパートに押し入り、彼女の頭をピストルで撃ち殺害するという事件でした。しかも、これが三歳と五歳の娘たちの目の前で起きたのです。警官が現場に駆けつけると、今度は父親が自分の頭を撃って自殺しました。父と母を同時に失ったふたりに残されたのは、この凄惨な光景の記憶だけでした。

リポーターの質問はよく心配される三つのことに集中しました。子どもたちは事件のことを記憶するには幼すぎるかどうか？　もし記憶しているのなら、何を覚えているか？　そしてこのような強烈なトラウマに見舞われた彼女たちが、健康な人生を送る見込みはどれくらいあるか？　ということでした。

最初の疑問については、次の第5章で、もう少し深く掘り下げます。すなわち、子どもの年齢と、年齢に応じた発達課題や能力が、事件に関する理解、記憶、そしてそれに対処する力にどのくらい影響するかということについて検討します。

次の彼女たちが事件を覚えているかどうかという質問への端的な答えは「イエス」です。考えたことや感じたことを事件当時に言葉で表現できないからといって、事件のことが何も残らないわけではありません。何を覚えているか、時間と記憶のレンズを通して事件をどのようなものだったと思い出して再構築するのか、そして再構築したものを言葉でどう表現するのか（あるいはできないでいるのか）ということには、多くの要因が関わっています。

第3章では、死別に伴って起こるさまざまな変化やその後に経験された喪失の深刻さ、死別の状況が、あなたにどのように影響したのかを検討しました。この章では二つ目の要因、つまり、親と死別した子どものまわりにいるひとたちがどのようにその死に対処したかということを検討します。そしてその対処が良かれ悪しかれ、あなたにどう影響したのか、ということを見ていきます。

レポーターが私にたずねた残りの質問――事件のなにを覚えているか？　将来健康に生きていける見込みはどれくらいあるか？――に対する答えは、まわりの大人たちが子どものために何をしたか、何はできなかったのかということにかかっているというものになります。これはあなたの場合も同じです。「子育てには村一つ分の人手が必要（it takes a village to raise a child）」という言葉を聞いたことがあるのではないでしょうか。逆に、村人全員で子どもをダメにすることもできるのです！

この点をさらに検討する前に、こうした要因とは物事がどうなるかを決定するものではないということを理解しておいてください。私は子どものころに起きた出来事や、まわりのひとたちの反応の仕方が、大人になってからのあなたの姿を決めたと言いたいわけではないのです。むしろ、いまのあなたを「形作り影響してきた」のは、起きた出来事、まわりのひとたちの反応の仕方、あなたがどう扱われたのか、そして過去や現在のあなたがその出来事をどう理解したのか、ということのすべてなのです。

親の死に関して、あなたに選択肢はありませんでした。まわりがあなたをどう扱うのかに関しても、発言権はあまりなかったでしょう。子どもだったあなたにはまだ発展途上の対処能力しかなかったのです。でも、いまの大人になったあなたには、自分がどのように感じ、考え、行動するのか自分で決める自由があります。もちろんそのようには感じられないときもあるでしょう。でも、あなたが自分のことをどう語るのか、その物語からどんな意味を生み出すのかが、物事の結末がどのようなものになるかをほとんど決めているのです。

それではこれから、まわりのひとたちの反応がいかにあなたの悲嘆に影響したのかを見ていきましょう。もしもその影響を理解し、まわりのひとたちがどうやってこれまでのあなたの道のりを支えてきたのかがわかれば、いまからでも、まわりのひとから何をあなたの人生に受け取るのか、自分で決めることができます。

家族と遺された親の影響

想像に難くないことかもしれませんが、親を亡くしたあと多くの子どもが誰よりも強く影響を受けるのは遺された親です。もちろん例外はあります。両親をともに亡くした場合や、遺された親とは縁が切れてしまった場合などです。それ以外にも遺された親ともともと面識がない場合や、里親に育てられたり、親戚の家を転々として養育者が何度も変わったような場合も考えられます。

すでに見てきたように、このような状況はあなたの回復プロセスを複雑なものにしたかもしれません。おそらく、あなたの「親代わりの存在」になってくれたひとがひとり、または数人いたのではないでしょうか。あなたはそのひとから、良い影響を受ける可能性も、破壊的な影響を受ける可能性もありました。そのひとが健康であろうと病いを抱えていようと、あなたはそのひとから強い影響を受けたはずです。

遺された親の影響について考える前に、過去のあなたの家族をひとつのシステムとして捉えてみたいと思います。他の家族と同じように、親の亡くなる前のあなたの家族には、家族の構造やルール（言語化されているものもされていないものもあります）、伝統、いろいろなことのやり方、上下関係といった、その家族だけの特徴があったはずです。また、全体として健全な家族だったかもしれないし、病んだ家族だったのかもしれません。

トラウマ的な出来事のあとに、病んだ家族が健全な家族に変わることは、不可能ではなくとも、とてもめずらしいことです。健全な家族はトラウマ的な出来事が起きたあとでも健全でいられる可能性がより高くあります。これ以上ないほどうまくいっている家族だとしても、このようなときにはとても強い緊張を強いられます。また、病気や怪我で苦しんでいる親が亡くなろうとする場合にはまだ存命のうちから、家族は激動状態にあるのです。

家族を、天井からぶら下げられたモビールのようなものだと考えてみてください。一人ひとりは、家族というモビール全体を安定させる役割をそれぞれ担っているパーツです。保たれているバランスはいつも健全なものとは限りません。それでも役割や責任、誰がどれくらいの重みを受け持つのかということが言葉にされていてもいなくても、家族全員でひとつのバランスを一緒に作り上げているのです。

ところがときにはそのバランスを崩す出来事も起こります。そのストレスになる出来事のあとで、家族がどのようにもとの安定した状態を取り戻したのかが、家族一人ひとりの発達に影響するのです。親の死の場合、家族というモビールから中核的なパーツのひとつが失われて全体のバランスが崩れてしまった状態と言えるでしょう。

あなたの家族はその状態から、家族というモビールのバランスをどうやって取り戻したでしょうか？　その方法は以前よりも健康的になるやり方だったか、それとも一人ひとりの孤立を高めてしまうようなやり方だったでしょうか？　そもそもモビールはバランスを取り戻すことができたでしょうか？　それともそれができないまま一部のひと、あるいは家族全員がバラバラに切り離されてしまったでしょうか？

家族システム療法の先駆者のひとりであるバージニア・サティア（Virginia Satir）は、健全な家族には四つの特徴があることを発見しました。高い自尊心、直接的で明確で具体的で正直なコミュニケーション、柔軟で適切なルール、そして社会に対する開かれた希望ある態度です[1]。問題を抱えた家族はこれとは逆の特徴を持っています。自尊心が低く、間接的であいまいかつ不正直なコミュニケーション、厳格で交渉の余地のないルール、そして社会を恐れ非難する態度です。

死別以前から家族が問題を抱えていたのなら、死別のあとに以前よりも健康になるのは難しいことです。家族は完全に崩壊してしまうかもしれません。健康的な家族でも、さきほど挙げ

（1）　V. Satir, *Peoplemaking* (Palo Alto Science and Behavior Books, 1972).

た四つの点において困難な状況にあります。破滅的状況に置かれた家族全体、そして一人ひとりの自尊心は不安定になっているかもしれません。死別を経験したあとのコミュニケーションは、善意を尽くしている親でさえ、子どもと何を共有し何を共有すべきではないかに戸惑うため、間接的で曖昧で、不正直なものになりがちです。死によって家族はまったく新しい家族、新しいモビールに変わったのですから、当然、家族のルールも変わらなくてはなりません。

さらに死の状況や、親戚なども含めた拡大家族や友人、コミュニティの反応の仕方によっては、家族の関係は難しいものにならざるを得ないでしょう。いかにオープンで前向きな家族でも、お互いに緊迫感を孕んだ関係になってしまいます。これは善意のひとでも、事情をよく知らなければ家族にどう関わったら良いかわからなくなってしまうのと同じです。(悪意のあるひとは事情をよく知っていても知らなくても、同じようになることがあります。)

家族のストレスが高まるのも避けようのないことです。死別によって家族がいくらか安堵したような場合でも、変化そのものがストレスです。例えば、遺された親が亡くなった親とはすでに離婚していた場合や、長くいつまでも続く闘病生活によって家族が混乱せざるを得なかった場合。そして虐待や依存で気持ちのつながりがなかった場合などです。このような状況では、親の死はかえって家族に安堵をもたらしたかもしれません。ただ、どのような状況であったとしても、親の亡くなったあとには家族のストレスが高まったはずです。

ハーバード大学の死別を経験した子どもの研究では、親を亡くした六歳から十七歳までの子どもと、死別経験を持たないこと以外に違いのない子どもの比較を行っています。J・ウィリアム・ウォーデンとフィリス・ロルフェ・シルバーマン（Phyllis Rolfe Silverman）が担当した調査のひとつで明らかにしたのは、親を失くした家族がよく経験する共通のストレス要因の存在でした。(2) 共通するストレス要因は七つありました。きょうだい同士の葛藤や感情面の問題を抱える家族が増え、アルコールやその他の薬物の乱用も広がっていました。親子げんかや未解決の家族の問題も増えていました。当然かもしれませんが、葛藤の原因のひとつは手付かずのままの家事でした。最後に義理の親やそれ以外の親族との摩擦も増加していました。

これらのストレス要因は、すでにもろくなっている家族システムに、明らかにさらなる緊張を強いていました。

（2） J. W. Worden, *Children and Grief: When a Parent Dies* (New York: Guilford Press, 1996).

遺された親の反応

親が亡くなり、家族の力学的なバランスが崩れたことを考えると、まだ子どもだったあなたが遺された親の反応から何より強い影響を受けたのも当然のことでしょう。

先ほども触れたハーバード大学の子どもの死別に関する研究は、遺された親の心理状態が子どもの状態に明白な影響を与えていることも明らかにしています。より抑うつが強く、経済的困難を抱え、効果的な対処方法が少なく、支えてくれる存在がおらず、気持ちをひとと満足に分かち合うことのできない親の子どもは、抑うつ、不安、引きこもりの度合いがより強く、健康問題や感情面・行動面の困難もより多かったのです。

もしあなたにもう親がいなかったとしたら問題はより複雑です。あなたを愛し支えてくれる健康的な親代わりの存在と暮らすことができたか、それとも不健康な存在と暮らさなくてはならなかったのかが、あなたにより深く影響するのです。

健全な子育ての大部分は、子どもを慈しみ、成長を支え、健全な発達を守ることから成っています。これまでに私が目にしてきたところでは、遺された親の子育ては大まかに分けると過干渉、放任、適度な養育の三つのどれかに当てはまるようです。もちろん完璧な親などどこにもいません。毎日、あらゆる状況で常に適切な子育てをすることなど不可能です。それでも死別のあとはプレッシャーや不安が高まるために、以前よりもずっと極端な子育てになりやすいのです。もし死別以前から過保護か放任のどちらかに偏っていたとしたら、その傾向はさらに極端なものになりがちです。

大切なひとを亡くしたあと、親が過保護になるのは理解できることです。よく知るひとが亡くなったとき、私たちは人生がいかに儚く脆いものなのかを強く実感します。身近なひともあっという間に奪われてしまうと知れば、多くのひとは愛するひとをもっと自分の近くに引き寄せたいと思うでしょう。

この自然な反応が病的なものに変わるのは、子どもが窒息するほど過干渉になってしまうときです。新たに過度に厳しい要求やルールを科したり、子どもの喪失の苦しみを「帳消し」にしようとして、無意識のうちに子どもを損なってしまうことがあるのです。ユング派分析家のジェイムズ・ホリス（James Hollis）が「押しつぶされた子ども（overwhelmed）」と言ったように、過保護に育てられた子どもはひとと適度な距離を保つのが苦手で、防衛的で受け身になり、共依存的関係になりやすい傾向があります[3]。

過度な放任は子どもに別の問題をもたらします。死別以前から疎遠だった親や、感情的なつながりを失ったり直接子どもになにかしてやることのできなくなった親は、自身の抑うつや悲嘆によって養育能力を奪われ、子どもの健全な発達を促したり守ることができなくなってしまいます。もしこれが死別に対する急性のショックと麻痺が原因なら、一時的にこのような状態になることがあっても、普段は以前と変わらない子育てができるでしょう。

悲嘆にくれる親が無意識のうちに、亡くなった親の役割を子どもに背負わせてしまうこともあります。悲嘆を抱えたまま親から放置された子どもは、依存的な習慣や人間関係を持ちやすい傾向があります。ホリスはそのような人間関係を「より良いひとへのへの依存的思慕（an aaddictive search for a more positive Other)[4]」と呼んでいます。また、見捨てられる恐怖から、ひとと親密な関係を保つことができない傾向もあるようです。

あなたも過度の放任で育てられたかもしれません。もしあなたに遺された親がいなければ、親代わりの存在がそのように育てたかもしれません。

それでは、悲嘆を抱えた子どもの適度な養育とはどのようなものでしょうか？　健康的な養育のために遺された親たちは何をすべきでしょうか？

まず、悲嘆を抱えた子どもは、すべての子どもと同じものを求めています。それに加えて、悲嘆を抱えた子どもはこれから説明する体験と行動を必要としています。これから説明する悲嘆を抱えた子どもに必要なことをまとめたリストを読みながら、どのような支援をあなたが経験し、どれを経験できなかったのかを考えてみてください。

悲嘆を抱えた子どもに必要な十のこと

一、良い見本

悲嘆を抱えた子どもたちは、遺された親やまわりの大人から悲嘆に対する前向きな対処方法の実例を見せてもらう必要があります。子どもは環境から学ぼうといつも慎重にまわりを観察し、ひとの行動を見てそれを取り入れたり、拒絶したりしています。

ダギー・センターにやってきた親から、自分の気持ちと親として子どもに示すべき態度のバ

（3） J. Hollis, *The Middle Passage: From Misery to Meaning in Midlife* (Toronto: Inner City Books, 1993).
（4） J. Hollis, P. 13.

ランスをどうやって取ったら良いのかよく質問されます。厳格で、気持ちを表に出さない親が子どもに模範として示すのは、何を犠牲にしても強くならなくてはいけない、そのためには感情を内側に閉じ込め、次に進むべきだという見本です。力を失ってベッドから出られなくなり、子どもに自分の世話をするよう強いてしまう親は、まだ用意の整わない子どもに、非現実的なほど困難な重荷を背負わせてしまっています。ドアを閉じた寝室のなかだけで泣き、目を赤く腫らしているのに一歩寝室を出ればなんの問題もないかのように振る舞う親は、涙や悲しみはひとと分かち合うことのできないものだと暗に示すことになります。

まわりの大人に支えられ、子どもに自分の面倒を見させたりすることなく、自分の感情をひとと分かち合うことのできる親は、感情を感じ、表現しても良いのだ、そしてひとに助けを求めても良いのだという模範を示すことができます。

もちろん、親の死にどう向き合ったら良いか手探りしているときにあなたが目にしたのは自分の親だけではなかったはずです。学校の先生やスクールカウンセラー、スポーツのコーチ、宗教者、若者支援制度のワーカー、おじさんやおばさん、その他の親戚、親の友だち。こうしたすべてのひとが、あなたがこの人生を大きく変えてしまう出来事をどう受け止めたり、受け止められなかったのかに影響しています。

ダギー・センターに通う子どものほとんどは、親の亡くなった直後の数日、数週間、数ヶ月います。

のあいだに、自分を助けてくれたり、逆に足を引っ張った大人に関する物語をいくつも持って

父親を亡くして三十年になる、現在四十歳のデイトンは記憶に深く刻み込まれたこのような経験を語ってくれました。「私の父は、弟の九歳の誕生日に亡くなりました。そのとき私は十歳でした。まわりのひとになんだかんだ言われて、もう黙っていてくれと思っていたのを覚えています。そのとき、ある女性がこんなことを言いました。弟の誕生日にお父さんが天国に生まれ変わるなんてすごいことじゃない？　って。もう思いっきり殴ろうかと思いました」

親が亡くなったとき、あなたのまわりにはどんな大人がいましたか？　もしあなたがその頃すでに学校に通っていたのなら、あなたが学校に戻ってきたとき、クラスの同級生はどんな態度だったでしょうか？　あなたがもしどこかの宗教的なコミュニティに所属していたなら、みんなはあなたを支えてくれたでしょうか、それとも見捨てたでしょうか？

誰か一人でも、あなたに親の死に対して役立つ、前向きな反応の仕方を見せてくれた大人を挙げることができるでしょうか？　もしそのようなひとがいたら、あなたはとても幸運です。もし誰もいなかったとしたら、あなたは大昔に目にした悪い見本の通りにいまも生きているのかもしれません。

二、正直で明確な情報

大人は子どもに正直に接するべきだというのは理にかなっていますが、死に関する話ではそれが躊躇《ため》われることも珍しくありません。私は大人が子どもにウソをついたり、情報を隠したりするのには主に四つ理由があると考えるようになりました。どれも子どものためを思っての行動なのです。最終的には子どものためにはならないのですが。

ひとつ目の理由は、大人自身の恐怖や悲嘆、不信、それ以外のさまざまな考えや感情が邪魔をするからです。例えば、私の夫が交通事故や自死、またはがんで亡くなったとします。そのときにもし、なぜそのようなことになったのか私が理解できていなかったとしたら、どうやってそのことを自分の子どもに説明できるでしょうか?

死は普遍的な経験です。私たち全員がいつかは死にます。それなのに私たちは八十代、九十代までの長い人生を生きて、痛みもなく眠るように死ぬのがいちばんだと信じています。だからもし、人生の最盛期を生きている親を死によって奪われたとしたら、子どもはそれが不公平で、不自然で、唐突なことのように感じるでしょう。そのような死は、私たちの価値観に真っ向から反し、信じていることを揺るがし、私たちの夢を粉々に砕いてしまうのです。

次の理由は、大人として子どもを痛みから守りたいと自然に思うからです。二〇〇一年の九・一一のテロ攻撃から数週間後、ワールド・トレード・センターの崩壊によって移転することなった会社で働く親のグループにお会いしました。そのとき、あるお父さんが九月十二日から九歳の娘さんが吐いてしまって、寝たがらないと話してくれました。彼は何が起きたのか娘は知らないのだから、その症状とテロを結びつけて考えたりはできないと言いました。お父さんは自宅にはテレビもないのだし、娘さんは何も知らないはずだと「思い込んでいた」のです。私が事件のあと、娘さんが学校に行ったかどうか聞くと、行った、と言います。「学校ではみなそのことを話しているのではないでしょうか？」と私が尋ねると、彼は静かに「話していないといいのですが」と小さな声で言いました。

この娘さんがいかに混乱し、恐怖を感じていたか想像してみてください。大事件が起きて世界中が大騒動になっているのに、家族は絶対にそのことに触れないという作戦を立て、何事も起きていないように振る舞っていたのですから。お父さん自身の恐怖心と娘を守りたいという願いが、実際には娘さんをより苦しめ、混乱させてしまったのです。

三つ目の理由は、大人は、特に子どもに対して、死についてどう語ったら良いかわからないということです。ダギー・センターではたくさんの大人から、子どもにどう死について説明したらいいか教えて欲しいという電話を受けます。話を一通り聞いたあとで、私はいつも「いまお話しされたことをそのままお子さんにもお話ししてあげてください」と言うようにしています。その子の年齢には言葉が難しすぎるというのでなければ、大人たちが電話で私に話したことは、そのまま子どもたちに語ることのできるものです。

四つ目の理由は、もっと繊細ですが、よくあることです。誰かが痛みに苦しんでいるのを目にしながら、その痛みを和らげたりできないままでいるのはとても難しいことです。真実には痛みが伴います。そしてそのような痛みは誰にも、自分にも味わわせたくはないものです。私はこれまでただのひとりも、子どもにお父さんが亡くなっているのが見つかったと興奮して熱心に伝えるひとに出会ったことがありません。同時に、死の状況についてウソをつかれて良かったという子どもの話も聞いたことがありません。

もし親の死後、ウソをつかれたり情報を教えてもらえないことがあったとしたら、あなたはそのことに関して、いまも怒りや恨みを持っているかもしれません。あなたにはいまでもまだ、おかしいと感じることや知らされないままになっている事実があるかもしれません。それを明らかにするのに遅すぎるということはありません。ほとんどの場合、ウソをついたり真実を隠したひとは、そのときそれよりも良いやり方を知らなかっただけなのです。

三、理解されること

ハーバード大学の「喪失を経験した子どもの研究」における興味深いテーマのひとつに、子どもの状態に関する親の理解がどの程度正確かというものがあります。子どもと親の認識が一致している場合は、たとえ困難な状況に置かれていたとしても、子どもは自分は理解され、認めてもらっていると感じます。ところがもし両者の認識がずれていると、子どもはより強い不安とより多くの問題を抱えている傾向のあることがわかったのです。

私のダギー・センターでの経験からすると、親子がお互いを誤って理解するのはまったく珍しいことではありません。これは親が子どもに本当のことを教えず、子どもがウソをつかれていると直感したり、または誰か他のひとに事実を教えてもらったときに起こることがあります。

このことをよく示すのが、自分の車で排気ガスを吸入して自殺したお父さんを持つ九歳のサミュエルの経験です。このつらい現実から守ろうという善意から、母親は彼にお父さんは交通事故で亡くなったと伝えました。ところがサミュエルは、まわりの子どもに事実を教えられ、さらにまわりの大人がお父さんは自殺したと話しているのを耳にしてしまいました。そして、彼は参加していたあるグループで、父親は自殺で亡くなったけれど、母親にはそのことを知らせないで欲しいと言いました。「お母さんは、お父さんが事故で亡くなったと思っているんです」。サミュエルはそう説明しました。

親が子どもの状態を正確に捉えられないことも珍しくありません。親自身も悲しみのどん底にあって、毎朝起き上がることに全力を尽くしているのです。また、家族がお互いを「守る」ため、難しい考えや感情に触れたりしないようにするのもよくあることです。単にそれをどう扱ったらいいのかわからないことが原因のこともあります。逆に、どう扱えば良いのか本当はみんなわかっているのに、親のほうがその話題を避けたり、その話題が出ると泣いて子どもが居心地悪く感じることが原因になることもあります。

親が亡くなったとき、あなたは遺された親が自分の状態を理解してくれていると感じたでしょうか？　もしそうなら、親に理解してもらえないと感じた子どもより少し励ましを得たかもしれません。

ハーバード大学の調査では、抑うつがより強い親や、パートナーが予期しない形で突然亡くなった親は、子どもの状態に関する理解がより不正確になる傾向があることもわかりました。逆に遺された親に理解してもらえていると感じている子どもは、不安が小さく、自分の感情に対する信頼が強く、その結果として内的統制感（二）がより高くなっていました。

もし親に理解してもらえなかったと感じているなら、あなたは不安や自分の感情への不信が強く、統制感が低いために自分は運命に対して無力で、物事は自分の身に降り掛かってくると感じているかもしれません。

四、疎外しないこと

親が亡くなったとき、法事や慰霊の集まり、葬儀、埋葬に関する話し合いにあなたは参加させてもらえたでしょうか？　葬祭業界では、子どもも話し合いに参加し、どのような形で儀式に参加するか自分で選べるように親にアドバイスをしたり、そのための用意を長い時間をかけて整えてきました。ただ、これはまだ比較的新しい取り組みで、以前は子どもたちは親の死後、完全な暗闇のなかに置かれていました。

ダギー・センターの青年のためのグループでは、自分たちが話し合いや意思決定の場から遠ざけられていることに対する不満や怒りに関する議論が何度も繰り返されてきました。子どもたちは、自分には意見できる価値もないと言われているように感じると言います。センターの電話相談窓口によく寄せられる質問のなかにも、子どもの葬儀への参加をどうしたら良いかに関するものがあります。

子どもは葬儀に参列すべきなのでしょうか？　子どもたちに「遺体」を見せたほうが良いのでしょうか？

私たちがいつもアドバイスしているのは、子どもが自分で選べるよう、必要なことを伝えてください、ということです。子どもは正確でわかりやすい情報を与えられ、どうするのかを自分で決めることができるなら、発言権や選択肢も与えられないままどうすべきか強制されるよ

（一）第2章の註（一）を参照（六七頁）（M）。

り、ずっとうまくやることができます。子どもにとっていちばん良いものが何で、その子がどう死を受け止めているか、大人だけで勝手に決めつけたり判断するべきではありません。ここでひとつ、自分で選ぶ力を活かして、この問題にうまく対処した子どもの例を紹介しましょう。

ある女性が夫とふたりの息子を交通事故で亡くしました。あとに遺されたのが七歳のシャンナです。火葬する前にもういちど父親ときょうだいの顔を見たいとシャンナが言ったため、この女性はいったいどうしたらよいのか大変悩み、友人や専門家の意見を聞いてそれをリストにまとめました。六対四の割合で、棺に入れられた父親たちの姿をいつまでも記憶することは、彼女のためにはならないという意見のほうが優勢でした。誰もがそのひとなりの意見を持っていました。

賢明なアドバイスを受け入れた母親は、シャンナとどうするか話し合うことにしました。そしてもし遺体を目にしたら、父親たちと笑顔で遊んでいたときの記憶よりも、そのときの嫌な記憶のほうが優るようになってしまうのではないかと心配し、恐れているということも説明しました。他にもいくつかのことを説明しました。父親たちの姿が生前とはいかに違っているのか、葬儀場がどんな場所か、そしていちど決めたことでも、いつでも好きなように変更して良いことも伝えました。シャンナはすべてを理解したうえで、絶対にもういちどみんなの顔を見たいと言いました。なぜなら「もし死んだのが私で、みんなが私にちゃんとさよならを言ってくれなかったら、きっと私はすごく怒ると思うから」と。

シャンナは実際にお父さんたちに会いました。そして、このときの自分の決断に誇りを持っていて、何年か経ったいまでも、そのときのことがいちばん良い思い出だと話します。彼女の母親は必要な情報と自分の心配を伝え、本人が自分で決められるようにする知恵を持っていました。

親を亡くしたとき、あなたはこういった話し合いや決定のどれかひとつにでも参加するよう招かれたでしょうか？

- 火葬にするか、土葬にするか。
- どんな棺にするか。
- 亡くなった親の最後の衣装をどうするか。
- 棺に何を入れるか。
- もし何かするとして、どんな形で故人を見送るか。
- お別れの場に参列したいかどうか。
- お別れの場で何かしたいかどうか。

もしあなたがこうしたことに関して選択することができ、さらにその選択が尊重されたとしたら、それはとても幸運な経験です。残念ながら、そのようなことはいくぶんめずらしいことなのです。

五、統制感

大人でも、ひとが亡くなったときにはまるで、耳慣れない言語とよくわからない決まりごとでいっぱいの見知らぬ世界に引きずり込まれてしまったように感じるものです。子どもにとってその世界は、さらに不確かで、未知のものでいっぱいです。

ひとの死に直面したとき、私たちは誰でもある種の無力さを感じます。死を防ぐために何もできなかったのだから、自分は無力だと思うのです。子どもの無力感とどうしようもなさはのちに、自分の運命を自分ではコントロールできないのだといういかんともしがたい感覚にまで強くなってしまうことがあります。

私たちは基本的に、生きることのさまざまな側面と同様に、(自殺の場合を除けば) 死に関しても発言権も決定権も与えられていません。それでも、私たちには自分の身で経験することや自分の内側で起こることに、どう反応するのかを自分で決めることができます。第2章で見たように、親を亡くした子どもは外的統制感が強くなる傾向があります。そしてこれが大人になってから自分を犠牲者に仕立て、自分を満たしてくれる「完璧な他者」を探すというような、非生産的な行動へと駆り立ててしまうことがあります。

私が悲嘆を抱えた子どもを育てる親にできるいちばんのアドバイスは、この失われてしまった統制感を取り戻す機会を与えたり、そうすることを許してくださいというものです。ところが残念なことに、物事の手綱を再び手繰り寄せようとするとき、親は極端な方向に振れてしまいがちです。恐れから子どもへの締め付けをきつくするか、喪失を償おうとなんでも好きにさせてしまうのです。

あなたは親が亡くなったとき、自分の人生が自分の手から離れてしまったように感じたでしょうか？　遺された親は、あなたが統制感や安定を取り戻すために何かしてくれたでしょうか？　あなたはもとの平衡状態を取り戻すために、何をしたでしょうか？　もしこの質問に答えられなかったら、あなたはいまでも、自分の心を空っぽにしたまま、自分自身では何もできないと諦めて、まわりのひとたちに人生をコントロールされるままでているのかもしれません。

このことはのちほどより詳しく検討し、さらにいま何ができるのかも考えます。

六、一貫性

親が亡くなると、特に同居していた場合には、とてもたくさんの物事が変化します。両親が離婚していて親と同居していなかったとしたら、日々の変化はそれよりも少なかったかもしれません。どちらにせよ、あなたの世界は大きく揺らぎ、変化しました。そのバランスを取り戻すためにできる方法のひとつは、遺された親ができる限り日々の一貫性を保ち、変化をなるべく小さくすることです。

いま見てきたように、パートナーを亡くしてはじめてひとりで子育てをする親は、ルールをあまりに厳しくするか、逆にあまりにゆるくしがちです。ハーバード大学の調査では、一貫した関わりを保てなかった親の子どもは、より攻撃的になったり、衝動が抑えられず問題行動が増えることがわかっています。

死別後、特にルールやひととの距離感に関して、親の養育スタイルが変わったりしたでしょうか？　もし、より厳しくなったり、ゆるくなったりしていたら、あなたはその変化によって傷ついていたかもしれません。あなたが親以外のひとに育てられていたなら、そのひとたちの育て方はあなたにどう影響したでしょうか？

七、安心と安全の感覚

死はその定義からして、安心と安全の感覚を揺さぶるものです。特にそれが暴力的だったり、防げたはずだと感じられた場合はなおさらです。親の死後、子どもたちがまず最初に考えるのは、「いったい自分はどうなっちゃうんだろう?」ということです。幼い子も年かさの子も、子ども返りしたような行動を見せることがよくあります。おまるを使えるようになっていた子どもが、おねしょで布団を濡らしたり。ごくまれなことながら、遺された親のことを心配してしつこくまとわりつくようになることもあります。ひとは死ぬということだけでなく、それがいつでも起こりうると気づいたからです。

もしあなたの親が暴力的な亡くなり方をしたのなら、ダギー・センターの「殺害からの癒やし」に参加している子どもたちと同じように、たとえ犯人が捕まって刑務所に入れられていたとしても、自分の身がどうなるかという恐怖や心配があるのではないでしょうか。その恐怖はこの世界すべてが危険なところなのだというところにまで大きく膨れ上がり、それが大人になってからも残っているのかもしれません。

もしあなたの親が自殺したのなら、ダギー・センターの「自殺からの癒やし」グループの子どもたちと同じように、まるでそれが遺伝子に刻み込まれていて、自分も自殺する「運命」なのではないかと恐れているかもしれません。そして何年にもわたって抑うつと、何もかも無意味だという感覚に苦しんできたのではないでしょうか。まわりのひとからは自殺で亡くなった親がいるということで偏見の目で見られたり、あたかも自分の居場所から追放されたかのように感じたのではないでしょうか(そしてきっとそれは事実だったのでしょう)。

もしあなたの親が病気で亡くなっていたのなら、自分も病気になり親の亡くなった年齢以上には生きられないのではないかと恐れていた（そしていまも恐れいている）のではないでしょうか。

子どもがこのような恐怖を持つことは、けっして珍しいことではありません。ですから、子どもの頃に親を亡くした大人が同じ恐怖を感じることも当然のことなのです。あなたもなんらかの形でこのような不安や恐怖を、いまも抱えているのかもしれません。そしてそれは、あなたが手にするはずだった充実した人生を昔もいまも邪魔しているのかもしれません。

恐怖の多くには合理的な根拠があるかもしれません。あなたは本当に親の命を奪った病気になりやすいかもしれないのです。あなたがもし親の死後に虐待やいじめを受けたのなら、あなたの恐れや不安には十分な根拠があるかもしれません。だとしても、いつまでも虐待の犠牲者で居続ける必要などないのです。恐怖から自分を守ることばかりの人生を生きなくて良いのです。

八、表現することを許す（または、それを許さない）

子どもたちがダギー・センターにやってくる理由を説明するときによく言うのが、ここには自分の考えや気持ちを、表現してもしなくてもいい、安全な場所があるということです。あとの章で、表現することが癒やしにどんな役割を果たすのか、そして正しい悲しみ方という考え方が間違っているということを見ていきますが、悲嘆に唯一の正しい表現方法などありません。

親を亡くすまで、あなたは物静かなひとで、これまでもそのままきたのかもしれません。逆にもともと社交的で人付き合いがよく、いまもそのままなのかもしれません。それとも、死を経験してあなたは自己表現の方法を変えたでしょうか？

どちらにしてもそのときのあなたに必要だったのは、感じていたことを表現してもしなくてもいいと許してもらうことだったのです。自分の感情を表現するように強制されたと感じた子どもは、かえって引いてしまいます。

だからダギー・センターでは数少ないルールのひとつに、安全のための「私はパス」ルールを設けています。それは話すことも、分かち合うことも、やりたくない活動に参加することも、誰も強制しないというルールです。このようにして私たちは子どもたちの自分で選ぶ力やコントロールする力を育み、一人ひとりの求めるものを尊重し、それぞれが歩んでいる道のりを大切にしているのです。

すべての子どもが泣くわけでも、言葉で語るわけでもありません。なかには死別が原因となり、そこから受けた影響を表にはほとんど見せない子どももいます。それはもしかすると、自分なりのやり方で親の死に向き合っているのかもしれません。それとも、自分の気持ちを表現することは安全ではないと感じていたり、どうやってひとと気持ちを分かち合ったら良いか、わからないでいるのかもしれません。ただ、どちらにせよ、表現することを強制しても効果的ではないのです。

あなたが親を亡くしたときのことを思い出してみてください。あなたは自分が必要としていることをしたり、気持ちを表現することを許してもらえたでしょうか？　それともあなたは「乗り越えなさい」とか「いつまでこだわっているんだ」とか「前に進みなさい」と言う大人に囲まれていたでしょうか？　あなたには、話しても話さなくても良い自由はありましたか？　もし選択肢を与えられ、自分にとって良い選択肢を選ぶことができていたのなら、それは幸運なことです。ダギー・センターでは子どもが親の死後どれほど孤独だったか、また気持ちを表現するにせよしないにせよ、いかにそれを強制されたかという話を毎日耳にします。

九、さまざまな表現方法

気持ちを表現することを許されたり、少なくとも止められたりしなかったとしても、いったいどう表現したらいいのかわからないとあなたも感じたことがあるかもしれません。もしそうなら、私たちは仲間です。

アメリカの主流社会は、葬儀や追悼式以外の儀式や方法で悲嘆を表現することをあまり受け入れておらず、表現することを励ますこともできていません。働いている大人にはたいてい三日間の忌引き休暇が認められているものの、休暇明けに職場に戻っても間違ったことを言いたくない同僚にはしばしば無視されてしまいます。子どもたちはもとの生活に戻り、学校に通い始めても、怒りや恐怖、安堵、罪悪感、不安などの感情を、前向きな形で表現する方法はどこにもないままです。

親が亡くなってから数週間、数ヶ月のあいだのことを振り返り、自分の気持ちを表現するためにどんなことをしたか思い出してみてください。誰か話を聞いてくれるひとはいましたか？それとも芸術や遊び、スポーツで気持ちを表現したでしょうか？

ダギー・センターでは子どもたちが望めば、自分を表現するためのさまざまな活動を用意しています。仮面づくり、絵画、チョークでのお絵かき、粘土遊び、身体を使った（そして脳にも働きかける）遊び、それから「火山の部屋」というものもあります。この部屋は壁一面にクッションを張り巡らせて安全性を高めた部屋で、サンドバッグを殴ったり、転げ回ったり、枕や動物のぬいぐるみを投げたりして、いつもは大人に内側にしまっておくよう言われがちなエネルギーを外に出せるようにしてあります。

センターに通う子どもの多くは、行動面の問題があるという申し添えとともに紹介されて来ます。ときには「行動化している」とも言われることもあります。ところが子どもたちの

「行動面の問題」とは、実際にはたいてい、大人の「認識上の問題」なのです。「行動化している」のも、子どもなりに「わたしを見て！　助けて！」ということを表現するためなのです。それなのにかえって求めているものを無視され、大人やまわりの子どもから追いやられることが多すぎます。これでは求めるものが与えられないがために、その気持をより強く行動で示すというサイクルをいつまでも永らえさせるだけです。

子どもたちはみな、自分の内側にあるものを「行動化」します。よく考えてみれば、大人も同じようにしているということがわかると思います。私たちは誰もが、心の内側にあるものを行動で外に向かって表現します。積もりに積もった痛みと苦痛も、成功も、恐怖も希望も。それは人間であるということの一部なのです。ジェームズ・ホリスは単純な一言でその真実を言い表しています。「すべての行動は不安のマネジメントである」。私たちは誰もが、不安を和らげ、自分の安全を守るために「行動化」するのです。

子どもたちにとっては、自分が言葉にできることの少なさに比べて、世界があまりにも大きいため、必要にかられて「行動化」するのです。私たちは歳を重ねるにつれて色々な対処方法を身に付けていきますが、それでもまだ、この怯えた子どもは私たちの内側にいます。

あなたは自分の気持ちを表現する方法を見つけられたでしょうか？　それともいまでも恐怖や心配を自分の内側に閉じ込めたままでいるのでしょうか？　表現されないまま、いまもあなたの内側に留まっているなら、感情はまだ待ってくれます。でも、いつまでも静かに沈黙してくれるわけではありません。

十、追悼すること、つながり、そして意味を作ること

これは悲嘆を抱えたひとが必要としているもののなかでも、いちばん理解されていないことかもしれません。これは亡くなった方との絆を守り、親の死という出来事の意味やなぜそれが起きたのかということを、自分なりに理解するということです。ひとが亡くなったら「前に進む」ように求める文化では、亡くなった方とのつながりを保ち続けるということの必要性は理解されることも、認められることもほとんどありません。

遺された親が再婚したとしても、亡くなった親があなたの唯一の父親、母親であることに変わりはありません。虐待され、親が死んでむしろ良かったし安心したと思った場合は、つながりを保ち続けたいとは思わないかもしれません。しかしそれでも、何が起きたのか、自分なりに理解する必要があります。

子どもの多くは、亡くなった親のことを忘れず、いつまでもつながっていたいという強い願いを持っています。ところが私たちの社会ではこうしたことを特に良いこととしているわけではないので、そのための方法は自分だけのやり方と見なされ、あまりひとと共有されません。

でも、ダギー・センターの同じ立場のひとが集まったグループのようなところでは、こうしたことがよく共有されています。

追悼は、何かの記念日や誕生日、父の日や母の日、または亡くなった親の命日を、少し特別な日にするくらいの「簡単」なやり方でもできます。例えば、お墓や思い出の場所を訪れてみるといいでしょう。他にも写真に語りかけたり、亡くなった親に手紙を書いたり、夢のなかで会いに行くこともできます。または、いまも自分のことを見守り、助けてくれているという感覚を実際に感じてみることもいいでしょう。

子どもの頃のあなたは、こうやって親とのつながりを保ち続けるように励まされたかもしれませんし、逆にそんなことは止めるよう促されたかもしれません。あなたも亡くなった親とのつながりを感じて、自分が変なのではないかとか「おかしくなった」のではないかと思ったことがあるかもしれません。でも、そのような経験は本当によくあることなのです。

死後、あなたはどうやって亡くなった親を追悼し、つながりを保とうとしたでしょうか？　もしそのような経験があるなら、いまでもそうしているでしょうか？

追悼とつながりだけでなく、親の死に意味を見つけることも大切です。親が亡くなったころ、あなたはその死にどんな意味を見出したでしょうか？　大切なものを奪われたと感じ、人生は無意味で不公平なものだと信じたでしょうか？　それとも何かスピリチュアルな意味を見出したでしょうか？　なぜ亡くなったのか、なぜそれが自分の身に起きたのかと問いかけたりしたでしょうか？　それまであなたの信じていた世界観を揺るがせ、新しいものを作るよう強いられたでしょうか？

ある男性が、父親が亡くなった十歳の頃を思い出して、こんなことを語ってくれました。

「父が亡くなって、私の思い描いていた神様のイメージは根本的に変わりました。私は、この世界に起きる出来事はすべて、神様が計画したことなのだと信じて育ちました。すべての物事は、神様がそのようになるよう働きかけておられるのだと信じていたのです。だから交通事故も、ものを落とすことも、あらゆることが神様の計画の一部だと思っていました。でも、父が亡くなったとき、私はそこにどんな理由も見つけることができませんでした。父は何の理由もなく死にました。父の死を必要とする計画など、私にはどこにも見つけられませんでした。そして、私は少しずつ、神様は必ずしも計画を持っているわけではないとはっきり理解するようになりました。神様がいたとしても、ただ世界を見つめているだけなのでしょう。別に神様に怒っていたわけではありません。たぶん私は、それまで信じていたものを手放してしまったんだと思います。そう、いまならわかります。私は勘違いしていたんです。そもそも神の計画なんて存在しなかったのです」。

五十三歳のディモンが話してくれたのは、まったく逆の話でした。十三歳で父親を亡くした彼の経験です。「私はしばらく、どうして神様はこんなことをするのか、どうしてお父さんを奪ったのか考えていました。いわゆる〈どうして私なのか〉ということを一通り考えたんです。そして、長いあいだ、魂の探求と勉強をして理解しました。自分も傷つくし、痛みを感じるのだということを受け入れて、神様が自分のために特別な計画を用意してくれたんだと考えれば、このつまずきからも強くなることができると。いまも父がいなくて寂しいままです。でも、そのおかげで私は繊細で、気遣いのできる人間になれました。それにいつかきっと、また父に会うことができると信じています。私は他の子どもより早く大人になりました。これまで成功し、がんばってくることができたのも、父親を失い、自分でやっていかなければならなかったおかげだと思っています」。

もしあるとすれば、あなたは親の死にどんな意味を見出すでしょうか？　あとの章では、この質問にどう答えるのかが、あなたに無意識の影響を与えているということについて見ていきます。

次の章で、親が亡くなったときのあなたの年齢や発達に関する能力が、どうあなたに影響したのか見る前に、もう少しあなたに重要な影響を与えたひとの存在について検討しておきましょう。

これまで親やそれ以外の大人に求めていたことが、あなたやあなたの生きる世界にどんな影響を与えたかを見てきました。もしあなたにきょうだいや、それ以外の家族がいたとしたら、そのひとたちから受けた影響もあったはずなのです。

きょうだいや親戚からの影響

親が亡くなったとき、あなたがひとりっ子だったなら、きょうだいから受けた影響は当然なかったはずです。それでも、その場合にはきょうだいのいるひととは違った問題があります。もしかすると、あなたは弟や妹ができるまで親が生きていてくれたらと願ったかもしれません。たったひとりの子どもとして、怒りも喜びもあまりにあなたに集中したかもしれません。

もしあなたにきょうだいがいたら、あなたたちは力をあわせてお互いを守る役割を引き受けていたかもしれません。私がよく目にしてきたのは、対立し、疎遠になってしまうきょうだいです。おそらくそれぞれが自分自身の悲しみのまっただなかにいて、さらにはきょうだいが実際にしていることと、どう反応「すべき」と自分が思っているかということのあいだのズレに葛藤するからなのでしょう。こうしたことはしばしば、大人になってからのきょうだい関係にも引き継がれます。

子どもも、家族のなかでなんらかの役割を引き受けています。親が亡くなると、家族の役割が定義しなおされることがあります。いちばん年かさの子どもが代理の親になったり、唯一の男の子女の子が、「父親」や「母親」の役割を引き受けることがあります。

親の死後、あなたはきょうだいとはどんな関係だったでしょうか？　あなたはきょうだいにとって、助けになる存在、邪魔な存在、親切な存在のどれだったでしょうか？　それは大人になってからも続いたでしょうか？　あなたたちきょうだいは離ればなれにさせられたでしょうか？　そして、居場所がわからなくなってきょうだいを探さなくてはならなくなったり、途切れてしまった関係をもういちどやり直さなくてはならなくなったりしたでしょうか？

祖父母や親戚といったより広い意味の家族も、あなたの助けにも困難の原因にもなりえます。親の亡くなったあとにも、その親の側の祖父母との関係が続いたとしましょう。そのひとたちがあなたを支えてくれたのなら、そのひとたちの存在はあなたの助けになったでしょうが、もし避けられたとすればあなたはかえって傷つけられたかもしれません、

あなたには手を差し伸べ、亡くなった父親や母親に代わり、手本となってくれた特別なおじさんやおばさんはいたでしょうか？　誰が一緒で、一緒にいることのできなかったのは誰だったでしょうか？　家族がどんなものか、あなたに教えてくれたひとはいるでしょうか？

それから、親が亡くなったときに、他にも重要な役割を果たした大人がいたでしょうか？

そのひとたちが重要なのは、あなたを助けたからかもしれないし、逆にそれに失敗したからなのかもしれません。家族以外にも「あなたのためにいる」ということをしてくれた大人を覚えているでしょうか？　もし思い出せたなら、子どもがレジリエンスを発揮するためのとても大切な力の源を見つけたことになります。

あなたがどうやって親の死に対処し、生き抜いてきたのかということは第6章で検討します。いまはまず、親の死後、あなたを支えてくれた大人の名前を挙げてみてください。もしそんなひとが誰も居なかったとしたら、そのことを書き記しておいてください。ひとりぼっちで自分しか頼る存在がいなかったのだとしたら、あなたは本当に難しいことに取り組んできたのです。

友だちの影響

最後に、親が亡くなったとき、すでに学校に通っていたとしたら、学校に戻ったときあなたはどんなことを体験したでしょうか？　友だちはどんな態度でしたか？　ダギー・センターに通っている子どもたちは、この質問にこんな風に応えました。

「誰も何も言わないから、それがつらかった」
「みんなの態度が変わってしまって、それが嫌だった」
「これまでに経験したことのないくらい長いあいだ、物事に集中できなかった」
「まるで自分が別人になったと書いてある看板を背負ってるみたいだった」
「まわりの子どもに陰で、ときには直接からかわれた」

これまで多くの学校で、死別を経験した子どもに積極的に対応するための研修や設備の整備が進められてきました。それでもまだ多くの学校では、やるべきことがたくさん残ったままになっています。

一九六〇年代に私が六年生だったとき、母親が乳がんで死の床にあったサンディという友だちがいました。私たちはよく一緒に遊び、彼女の家に行くこともありましたが、お母さんの病気のために彼女の家では静かに過ごさなくてはなりませんでした。私たちがお母さんの病気について、直接話したことがあったかどうかはよく覚えていません。私たちはそのことに触れるための言葉を持っていませんでした。そして私たちは口にしなければ、そのことは現実にはならないと信じていたのだと思います。サンディの父親が管理人をしていた学校の校庭で、ふたりで何時間もごっこ遊びをしていたのを覚えています。私たちはごく普通の子どもと同じく、時間のことなど忘れて遊びに夢中になっていました。でもそこには同時に、ぎりぎりの危険に挑んでいるような感覚さえありました。何かの限界を試すために、すべてが破綻する紙一重のところにまで近付こうとする、決死の挑戦のような感覚です。いま、私にはこれが、サンディが直面しようとしていた運命にどうにか抗おうとする、私たちなりの方法だったのだとわかります。

サンディのお母さんが亡くなったことは、教室に彼女が不在のとき、六年生の担任から淡々と伝えられました。誰も何の質問もしませんでした。そして、私たちはこのように教えられました。「サンディは数日で学校に戻ってきます。そのときは彼女を変な目で見ないように」と。学校全体としてできる対応はそこまでだったのです。

サンディが戻ってきたとき、他の子が彼女にいったいなんと言ったのかはわかりません。私は彼女のいちばんの友だちのひとりだったのに、私にはただ一言、声をかけることしかできませんでした。口のなかでモゴモゴとこう言っただけだったかもしれません。「お母さんのこと大変だったたね」と。私には、それ以外になんと言ったら良いかわからなかったのです。まわりの大人は何も教えてくれませんでした。

ダギー・センターの子どもで、特に中学生以上の歳の子どもは、親の死後に友情がいかに強くなったり、失われたのかよく話します。そしてほとんど全員が、以前とは何かが違うと感じるから、それまで通りに扱って欲しいと言います。
あなたはどうだったでしょうか？　友だちは、あなたの親の死にどう反応したでしょうか？それは役立つものだったでしょうか、それとも害になるものだったでしょうか？

最後にもういちどお伝えします。まわりのひとたちがあなたの親の死にどう反応したのかは、あなたに影響したかもしれませんが、あなたがどのようになるかを決めたわけではありません。まわりにいるひとの存在や、自分のした選択の結果が私たちがどんな人間になるのかを形作ります。こうしたことの影響を理解し、自分自身を正直に、評価することなく見ることができるようになれば、自分が生きたいと願っていた人生を生きることができているのか、それともまわりの状況から必要以上に影響されてしまっているのかを判断することができます。

次の章では、親が亡くなったときのあなたの年齢や発達上の課題が、いまのあなたにどう影響したのかを見ていきます。

第５章

あなたはどんな子どもだったか？

親を亡くしたのは何歳のとき?

あなたが親を亡くしたのが何歳だったのかによって、そのときに喪失をどう理解し、どう反応したのかが変わってきます。でも、単なる暦《こよみ》上の年齢よりも大切ですが、より定義が難しいのが発達年齢です。例えば、「ある年齢になればほとんどの子どもが歩く」と言うことがあるでしょう。でも実際には、その年齢にもある程度の幅があり、正確に何歳だったら歩くと断言することはできないのです。とはいっても六ヶ月で歩き始めることはとても稀だと考えられていますし、三歳になっても歩かなければ心配するには十分でしょう。

これより子どもの発達段階と、それぞれに当てはまる年齢を見ていきます。その際には発達段階やその年齢は、ある程度幅のある柔軟なもので、あくまで子どもの成長を見る方法のひとつだということを忘れないようにしてください。

この章でいちばん大切なことは、親の死という現実とそれにともなって生じた喪失に対処することを強いられる前に、あなたがどのような発達課題に向き合っていたのかを明らかにすることです。なぜなら、親の死に対処しなくてはならなかったために、あなたの発達課題への取り組みはより困難なものとなったかもしれないからです。少なくとも、ひとつのハードルにはなったはずです。このような可能性を頭に入れつつ、でもまだ判断することはせずに読み進めて行ってください。

これから子どもの発達の四つの段階と、各年齢段階で通常どのような発達が期待されているのかを見ていきます。これから私が示すのは、二つのよく知られた子どもの発達理論を修正し組み合わせたものです。ひとつはアメリカ人の心理学者エリク・エリクソンの理論で、もうひとつはスイス人の心理学者ジャン・ピアジェ（Jean Piaget）（一）のものです。

エリクソンは子どもとまわりのひととの関係性の発達を、心理社会的な発達として理論化しました。一方、ピアジェの関心は子どもの認知的な発達にあり、特に知能や理解といった子どもの内的な構造に焦点を当てています。ここではふたりの理論の核心は保ちつつも、検討しやすいように元は五つあるエリクソンの発達段階を四段階に変え、それに合わせて各段階の年齢も調整しました。

ここでいちばん検討したいのは、乳児期、未就学児期、児童期、あるいは十三歳から十九歳

（一）　ジャン・ピアジェ（Jean Piaget, 1896-1980）は、スイスの心理学者。自らの子ども三人を養育しながらその成長を観察することで子どもの思考や理解といった認知的能力の発達の過程を研究し、発達心理学の主要な発達理論のひとつを打ち立てた。（N）

までのティーン年代にあたる思春期の親の死が、発達に関して予想外の障害をもたらしたということです。例えば、死別する以前に、その障害はどのようなものだったか？　そして死別以後は、どれくらい困難さは増したか？ということです。

乳児・幼児期（誕生から二歳まで）――信頼の発達

新しい世界へようこそ！　あなたは心地の良い閉ざされた空間から突然押し出され、混沌と見知らぬひとでいっぱいの世界にやってきました。ピアジェはこの時期を**感覚運動期**と呼んでいます。このときあなたは、さまざまな感覚を使って世界や自分の身体がどのようなものなのか経験していました。つまり色々な物や形、ひとを見たり、まわりのひとから与えられるミルクや食べ物を味わったり、温かさや不快さを感じたり、大きな音や心地良い音、怖い音を聞いたり、そして心惹かれる香りや嫌な臭いのする物質を嗅いだりしました。あなたは色々な音も立てました。ほかのひとにも理解できる言葉になるまでには、もうしばらく時間がかかりましたが。

あなたはさまざまなパターンも経験するようになりました。泣くと誰かが抱きかかえてくれる。お腹がすくと、誰かが食べ物をくれる。うんちをすれば、誰かがきれいにしてくれる。そうするうちに、こうしたことをしてくれるのがある特定のひとたちだということがわかり、そのひとたちといると安心できるようになりました。逆に、虐待され食べ物も、抱っこも、清潔にもしてもらえず、安心感を経験できなかったかもしれません。

どちらの場合も、あなたは幼児期の子どもがする共通の仕事をしているのです。それは安全だけでなく、パターンも見つけようとすることです。私たちはあとになってこれがひとが一生を通じて取り組む課題だったことに気づくのですが、赤ちゃんだったあなたは、そのいちばん基本的なレベルに取り組み始めたのです。

それからあなたは身体のいろいろな部位が自分の一部であることにも気づきはじめました。色々な部位のなかでも特につま先、指、鼻といった部分も自分であること。そして、まわりにあるひとや物は自分ではないということを感じるようになりました。

エリクソンはこの時期の主要な課題を、「自分ではないものたち」と関わるなかで、信頼を発展させることと定義しました。もし、まわりのひとたちの反応パターンが環境を安全で確実なものにしたのなら、あなたはあらゆることの基礎となる信頼の感覚を携え次の発達段階へと進むことができたでしょう。逆にまわりのひとたちのパターンが安全をもたらさなかったのなら、あなたは不信と恐怖を次の発達段階に持ち込むことになります。

虐待のある家庭で育った子どもの「普通」と同じように、あなたのまわりのひとたちの反応が不規則で予測のつかないものだったとしましょう。その場合、規則的なパターンを見つけることは、あなたには難しかったことでしょう。あなたは、予測不可能なパターンに適応してきたのです。

もしあなたが幼児期に親をひとり、またはふたりをともに亡くしたのなら、そのことはどう関係したでしょうか？

もし親があなたの出産中、またはその直後に亡くなったとしたら、それはあなたにとってパターンと信頼を築くのを助けてくれる「自分ではないひと」が、ひとり少なくなったことを意味します。たとえ、他の誰かがその役割を代わりに担ってくれたとしても、です。また、それは、実際の子育ての質に関わらず、遺された親が、とてつもないストレスにさらされたということを意味しています。さらにこのことは、あなたがそのときまでに完全に身に着けたと思っていたパターンが、「まわりのひと」は誰か、予測できることは何か、という点で突然変わってしまったことを意味しているかもしれません。

産みの母親と子どもの絆を考えれば、もし亡くなったのがお母さんだったとすれば、あなたはその特別な他者がまわりのひとの輪から完全にいなくなってしまったということを、身体的にも（約九ヶ月にわたって、ふたりは文字通りつながりあっていたのです）、直感的にも、本能的にも感じ取ったかもしれません。つまり、環境やまわりのひとたちを信頼する能力の発達が阻害された可能性がとても高いということです。

信頼が生まれたか、またはそれを取り戻すことができたのかということは、あなたの家族やあなたの生きている世界で次に何が起きたのかということに大きく関係しています。

未就学児の課題――自我の確立と自律性の発揮

生まれてから二年間で得た信頼または不信を基礎として、あなたは次の段階へと進みました。ピアジェは二歳から五、六歳にあたるこの時期を、**前操作期**と呼びました。あなたは物やひとには名前があることを認識し、あなたの世界をあらわす言葉というものを獲得し始めます。これは感覚とはまた別の、世界を理解するための方法です。そして、あなたはどこまでも広がってゆく好奇心と、自律を求める創造的な欲求の両方を発展させてきました。この時期の子どもが共通して発する「あれは何？」や「やだ！」という言葉からもこのことは明らかでしょう。

この時期のあなたは自分こそが世界の中心だと思いこんでいました。まるで太陽を従えた天動説の地球のように、あらゆるひとともの が自分を中心として動いていると思っていたのです。

そして、まわりのひとたちが世話をしてくれていたということが、この束の間の幻想をより確かなものにしていました。

エリクソンのモデルでは、およそ二歳から三歳にあたる前操作期初期の課題は、恥ずかしさや疑いを感じながらも自律する力を発揮していくことです。トイレトレーニングのときの不安や緊張が良い例です。このときあなたは、おむつを卒業するよう励まされ、そうすることで褒められもしました。でも、トイレに間に合わなかったときには恥ずかしかったり、ときには笑われたように感じることもあったのではないでしょうか。

およそ三歳から六歳のあいだには、あなたは言葉の能力を発達させ、同じ年頃の子どもと遊び始めたり、さまざまなことも学習し始めたりしました。例えば、ひとと何かを分かち合うことや、順番を待つことなどの概念を理解すること。さらに使ったおもちゃを片付けたり、コートを着るときにはボタンをかけるといった課題をこなせるようになることなどです。

エリクソンはこの時期の発達課題を、自律と罪悪感の狭間での葛藤と定義しました。あなたは物事を自分でやるように励まされました。でもその一方で、何かをしようとして、それに失敗することもあることに気づきます。そして、自分のしたことややろうとしてもできなかったことには、自分に責任があるのだということにも気づくようになったのです。

それでは、あなたのお父さん、お母さんが亡くなったとき、このような課題とあなたの経験はどう関係していたでしょうか？

死別する前の時点でも、この時期の基本的な課題は自律性と自主性を高めることです。このような大変な課題にすでに取り組んでいたあなたにとって、死別してからは、その困難は控えめに言っても二重の困難になりました。まるで歩き始めた瞬間に、足元の絨毯をいきなり引き抜かれてしまったようなものです。あなたがすでに発揮していた自主性や、ひとりの独立した人間になるためにあなたが取り組んできたことが、損なわれてしまったのです。

例えば、あなたは幼児返りして、より幼い行動をするようになったかもしれません。これは親を亡くし、悲嘆を抱えた未就学児によく見られる現象です。それまで築いてきた土台を失ったかのように、子どもが成長して、すでに通り過ぎたはずの行動をまたするようになってしまったと多くの親が嘆いています。赤ちゃん言葉になったり、おねしょをしたり、大人にまとわりついたり、より頻繁に泣くようになったり、わがままを言うようになるといった行動です。

遺された親も自分自身の悲嘆を抱え、頼りになるものが少ないなかでさらに困難な子育てを強いられました。善意のひとからはありとあらゆることに関して、何をすべきか、何はすべきではないかといったアドバイスをされたかもしれません。そのなかには、葬儀などの死別の儀式にあなたを参加させるべきか、どれくらい参加させるのかといったことも含まれていたことでしょう。

同時に、あなた自身も父親や母親の身に何が起きたかということや、自分はどうしたら良いかということを理解しようとしていました。あなたは親がどこかに去ろうとしている、または去ってしまったということを感じ取ることができたかもしれません。だとしても、死が永遠の別れであり、もう二度と親は帰ってこないということまでは、完全には理解していなかったのではないでしょうか。

四歳のトバイアスは、父親が亡くなって一週間後にこう言いました。「お父さんが死んだっていうのはわかったけど、それってまた一週間ずっと死んでるってことなの？」。五歳のキャスリンは、彼女が母親がいまどこにいるのかをなんとか理解しようとしていたときに、親戚からあなたの母親は亡くなって、いまは天国にいると言われました。家族は死別以前にキャスリンと信仰について分かち合ったことはありませんでした。そのため、彼女にとっては母親が天国にいると言われようが、どこか遠くのよく知らない街にいると言われようが、何の違いもありませんでした。

事態をさらに複雑にしたのは、みんなが「神様がお母さんに来るよう望んだのだ」と彼女に話したことでした。「神様」がなんなのかまったくわからないキャスリンが、母親を奪った神様に怒りを覚えたのも無理のないことでしょう（家庭で信仰について教えられて育ち、神様についての知識のある子どもでも、どうして神様はこんなことをするのかと疑問に思うことは珍しくありません)。
この年齢の子どもは、同じことを何度も繰り返すものです。あなたも同じ物語を何度も何度も繰り返し読んだり読んでもらったり、同じ質問を幾度も繰り返し聞きました。これは子どもが物事を学習していく過程の一部であり、また「他者」から承認されるという過程の一部でもあります。

以前、空港でフライトを待っていたときに、父親と三、四歳ぐらいの男の子が一緒にいるところを見かけたことがあります。ふたりが窓際に立って飛行機が離着陸するところを眺めていると、男の子は「おっきいひこうき！」と声をあげ、嬉しそうに父親を見上げました。すると今度は父親が「うん、大きな飛行機だ！」とその子の言ったことをちゃんと認めては、男の子に笑いかけるのでした。この言葉のリレーは、そっくりそのままの形で十五分以上にわたって続きました。男の子は「おっきい、おーっきいひこうき！」と大きな声で言うと、反応を期待してお父さんを見ます。お父さんが「これはほんとに、おっきい、おーっきい飛行機だ！」と同意します。すると、子どもは大きな歓声をあげるのでした。父親が子どもの言葉を繰り返す様子を見ていると、私には純粋に耳を傾けるということをしてもらうことで、その子のなかに自信が満ち、力が増していくさまが目に見えるようでした。

このような気遣いと暖かさあふれる親子の交流とは真逆の光景を見た経験が、きっとあなたにもあると思います。どこかのお店で子どもの質問に怒った親がその子の腕を摑んで、もう黙りなさい！　と言うような場面です。

私たちはこのようなやりとりの積み重ねが編み出すパターンを通して、この世界がどのようなもので、自分の身の安全を守るためにはどう反応していったら良いかを学んでいきます。前操作期に同じ質問を何度も繰り返すこともその方法のひとつなのです。

パートナーを亡くし、ストレスで疲れ果てている親にとって、子どものこのような特性は特にイライラさせられるものだったかもしれません。子どもだったあなたは、そのとき何が起きているのか知りたいと願っていました。何が起きているのかを話して欲しかったのです。それなのにわかったのは、このことには触れてはいけないということだったかもしれません。そのことに触れようとすると親が泣いたり、どこかにいなくなってしまったり、あなたにつらく当たったりしたかもしれません。そして、パターンや安全さを求めていたあなたは、それを得るために静かに口をつむぐことを学んだかも知れません。遺された親は、あなたは理解するにはまだ幼すぎるとか、詳しい事実から「守る」ほうがあなたのためになると考えたのかもしれません。

ダギー・センターでは三歳から五歳の子どものために、「ちびっこ」グループを開催しています。参加している親からは、子どもはまだ何も知らないとか、何が起きたのかわかっていないという話をよく聞きます。考えていることや聞いたことを言葉にしないということを理由に、親は子どもが何もわかっていないのだと思いこんでしまうのです。

子どもたちは求めている情報を得られなければ、自分で物語を作ってその「ギャップを埋める」ところがあります。そして、子どもたちはたいてい、大人が考えているよりもずっと多くのことを知っているものです。

親が亡くなったあとの話し合いや決定、そして葬送の儀式に、あなたは参加したかもしれないし、しなかったかもしれません。あなたは葬儀に参加したでしょうか？　亡くなった親の遺体を目にしたでしょうか？　それとも、あなたはまだ理解するには「幼すぎる」からと、ベビーシッターや家族の誰かのところへと遠ざけられていたでしょうか？（そもそも実際はどうだったのか知っているでしょうか？）

理解するには幼すぎるや、死に触れるには脆すぎる。逆に、強いレジリエンスを持っているから大丈夫だ、といったよくある誤解のために、多くの家族が不幸にも死別したときに子どもを遠ざけたり、葬列の輪に加わることを許しません。まるで事実に触れないよう覆いをかけさえすれば、子どもを守ったことになるかのようです。

これまでダギー・センターのグリーフサポートグループに参加した一万人以上の子どものうち、年齢に関わらず、親の死に関する出来事や決定から遠ざけられて良かったと言う子を、私はひとりも知りません。葬儀に参加させてもらえなくて良かったという子どもも、逆に無理矢理にでも参加させられて良かったという子どもも知りません。

大切なのは、選択です。つまり、必要な情報を得た上で、自分で選ぶということなのです。それなのにほとんどの大人は、悲嘆を抱えた子どもが何を必要とし、何を理解しているのかをわかっていません。あなたを守るという善意の努力から、あなたを排除してしまったかもしれないのです。排除されたあなたが、自分は軽んじられているとか、自分の気持ちや考えはどうでもいいもののように感じるということを理解していなかったのです。自分も場に加わること、少なくとも参加するかどうか、どのような形で参加するかに関して選択肢を与えてもらうことを、あなたがどれほど求めていたかわかっていなかったのです。

学齢期前のあなたが、恥や罪と同じように、感情にも取り組み始めたばかりだったことが事態をさらに複雑にしました。世界は自分を中心にまわっていると思い込んでいたあなたは、なんらかの形で自分には責任があるとか、自分には親の死を防ぐことができたと思ったかもしれません。このように、さまざまな出来事について、それが起こるのは自分がそうなるようにしたからだと信じることを「魔術的思考」と言います。これはこの年頃の子どもの自然な発達の一部です。だから、あなたも親の死は自分に責任があると思ったかもしれません。そして自分がそうさせたのだから、それを「なかったこと」にしたり、親を取り戻すこともできると考えたかもしれません。

「ぼくがもっと強くて大きかったら、パパのところまで飛んでいって助けてあげられたのに」。「ちびっこ」グループの輪に加わっていた四歳のブラッドリーは、みんなにこう話しました。まるで大人たちが言い聞かせてきた話に抗おうとするかのように、他の子どもたちも自分の強さを精一杯誇示するような話をしました。

この年齢の子どもは、自分の葛藤やいらだち、希望を遊びで表現します。だから遊びとは本当の意味で、子どもたちが真剣に取り組む仕事なのです。ダギー・センターでは、子どもたちは言葉では捉えがたいものを、箱庭作りやコスチュームを使ったごっこ遊び、人形、アート、ゲーム、おもちゃなどを使った遊びを通して私たちに見せてくれています。

四歳のデリックは、テディベアを叩きながら、「いけないクマだ！　いけないクマだ！　お父さんを殺すなんて！」と叫びました。

五歳のルシェインは箱庭でお墓を再現しました。あたりは骸骨や埋められた棺、墓標でいっぱいで、彼が言うには端にいる人間たちは泣いているというのです。そして突然、目を輝かせると、彼は「見てて！」と言いました。棺を掘り出すと、なかから骸骨を取り出し、いたずらっぽく笑ってこう言いました。「このひとたちをまた大丈夫にしてあげるんだ！」。

自宅の居間で心臓発作を起こした父親が、救急隊員の努力も虚しく亡くなったのは、三歳のジェシカです。彼女はダギー・センターの衣装部屋を自分だけのものにして、おもちゃの聴診器を身につけると、床に横たえられた人形を「すっかり治してあげる」のだと言いました。

デリック、ルシェイン、ジェシカは親の亡くなったあとの新たな世界を理解しようとしていたのです。自律と自主性という発達課題に取り組みながら同時に、自分には防ぐことのできず、ときには自分に責任があるとすら信じている出来事に対するコントロールの感覚をなんとか取り戻そうとしていたのです。三歳や四歳、五歳、そして六歳の子どもにとって、なんと大変な課題でしょうか。同じ年齢だったあなたにとっても、とても大変な課題だったことでしょう。

児童期の挑戦――仕事の始まりと劣等感との対決

六歳から十一、十二歳にかけては学校が始まり、同じ年代の子どもとのやりとりが増えていきます。この頃に始まるのが、エリクソンのモデルで**「勤勉性 対 劣等感」**と呼ばれる段階です。勤勉性とは何かの課題に一生懸命に取り組むという意味ですが、この年頃にはたくさんの課題があります。読むこと、書くこと、算数など、ありとあらゆる新しい挑戦が待っています。

ピアジェはこの時期を**具体的操作期**と呼びました。象徴の理解や論理的思考、物事を構造化する能力を発達させる段階です。この時期には子どもや先生、友だち、家族といったまわりのひとたちが、あなたの励みにも、逆に邪魔にもなります。

あなたはなんらかの技能、おそらく算数や言葉に関する素養を身につけ始めます。また、学習の手がかりをまわりのひとたちに探し求めたり、自分をそのひとたちと比べたりするようにもなります。算数が上手だと褒められたとしたら、きっとあなたは算数を楽しんだことでしょう。もし文字を読むのが遅かったとしたら、頭が良くないと見られないように読書は避けたかもしれません。あなたが成功しても、うまくいかなくても、それはまわりのひとたちの反応によるものだったのです。

あなたがどのようなひとになったかが、完全にまわりのひと次第だったと言っているわけではありません。ただ、私たちを励ましたひと、励ますことのできなかったひとの両方によって、私たちの人生が形づくられるようになったということなのです。

あなたの親が亡くなったのが六歳よりも前だったのなら、信頼、独立、主体性を発達させるという課題に関して、あなたは二重に大変だったということはすでにおわかりのことと思います。そこにさらに勤勉性の課題も加えましょう。親が亡くなったのが六歳から十二歳のあいだだったのなら、あなたの発達が妨げられたのはこの勤勉性の領域になります。それは新たな課題やひとと自分を比べることを学んでいた時期に起こりました。

親を亡くしてダギー・センターに通っているこの年齢の子どもの多くは、一時的とはいえ重大な、ある種の発達上の麻痺を経験します。多くの子どもは、睡眠障害や頭痛、摂食上の問題といった身体症状を訴えます。なかには、集中したりひとつのことに専念することが難しいという子や、幼児返りのような行動をする子もいます。

いつでも安定して思いやりのあるケアを受けている子どもは、そのような支えがなく自己概念の形成が困難な状態にある子どもよりも、勤勉性を発達させやすい状況にあります。支援を受けられないからといって、失敗することが決まっているわけではありません。単純に、成功にはより多くの課題があるということです。

発達のこの段階では、ほとんどの子どもが死とは取り返しのつかないものと理解しています。ところが、なんらかの形で自分のしたこと、できなかったことが死につながったかもしれないという考えを持ち続けていることも珍しくありません。いくつか例をあげましょう。

十一歳のジャッキーの父親は、警察との銃撃戦で亡くなりました。それでも彼女は「お父さんは私のこととかいろんなことを心配していたから」と、それが自分の責任だと思っています。

十歳のデイビッドの父親が亡くなったのは、コカインの過剰摂取が原因でした。でも彼はその日、学校が終わったら迎えに来るように父親に頼んでいたら彼を救うことができたのにと言います。

お母さんを交通事故で亡くした九歳のベッティーナは、その日の朝に自分が母親のお気に入りのスカーフを「盗んだ」ことが、事故の原因だとすっかり信じ切っていました。そんなことをしなければ、母親の死のような罰を与えられることはなかったのにと彼女は信じています。

大人ならこのような例を聞いても、子どもが親の死を引き起こしたり、死に関わることがありえないとすぐにわかります。だからといって、そのように伝えても子どもたちの考えが変わるとは限りません。

あなたはどうだったでしょうか？　親が亡くなったときのことを思い出してみてください。お父さんやお母さんの命を救うためにすべきだったことや、できたはずのことが思い浮かぶでしょうか？　論理的かどうかは関係ありません。二十五歳、三十五歳、四十五歳、あるいは五十五歳の大人になったあなたには、ありえないと感じるようなことでも良いのです。あなたのなかにはいまも、七歳、あるいはまだ十二歳のままのあなたの記憶や想いが残されているかもしれません。もしそうだったらどうしたら良いかは、またのちほど検討しましょう。

いまはただ、このようなことを自分に言い聞かせていたかどうかに気づいてください。のちほど、これ以外の感情や過去から引き継がれてきたものについて検討し、どう扱ったら良いかをお話しします。

怒れる思春期——混乱期におけるアイデンティティの形成

面白いことに、私たちは困難に満ちた十代を過ごしてきたにも関わらず、大人になると思春期の子どもをまるで違う生き物かのように見るようになってしまいます。子どもたちは十三歳から十九歳のティーン期になると、自分自身のアイデンティティを形成し始めます。自分がそれまで内面化してきた価値観を一部は参照しつつも、その多くを同世代の仲間の厳しい意見に照らし合わせて、自分には何が合い、何が合わないのかを試すようになるのです。価値観によっては、同世代の子どもたちから激しいプレッシャーを受けて、拒絶されるものもあります。ティーン期に生じるホルモン分泌の変化に適応し自立心が高まってくると、私たちは自ら意思決定することに挑戦するようになります。

ピアジェのモデルでは、これを具体的操作期から**「形式的操作期」**への移行と説明しています。この時期は抽象的な思考や発想、物事の意味や人生といったより高度な疑問、そしてより発展した論理的思考を持つようになるなど、発達がより複雑になる段階です。

すでにあらゆることを疑問に思っていたところで親が亡くなったのです。なぜそのようなことが起きたのか、なぜそれが自分の身に起こったのかという疑問は何より重要なものです。答えを探し求めるとき、大人たちは必ずしも助けになる存在ではなかったかもしれません。ダギー・センターに通うティーン期の子どもの多くが、まわりの大人からは「乗り越えろ」とか「先に進め」とか「終わりにしなさい」と言われたと話します。そうした経験の多くは、レポートの提出が遅れたり、集中力に欠けるといった子どもの行動にがっかりした先生やコーチといった大人たちとのあいだで起こります。

親の死に意味を見つけたり、そこに意味を創り出すことを求めるプロセスは、特にまわりのひとが声をかけたり、そのような気持ちを支える行動をしてもらえなければ、おそらく生涯続いていきます。

エリクソンはこの発達段階の課題を**「アイデンティティ（自我同一性）対 役割の混乱」**(二)と定義しました。ティーン期の子どもは親に対する依存を離れ、独立した大人としての自分を確立しようともがきます。親の死がこの課題に取り組むあなたの道のりをいつ別の方向へと変え

(二) エリクソンの発達理論において、青年期（思春期から十九歳ごろ）において取り組むべき発達課題のこと。過去・現在・未来を通して、唯一無二の自己が一貫しており、かつそれが周囲の人々からも受け入れられている状態のことを同一性の確立と言う。同一性拡散とはその反対に、これらの状態が保たれていないことを意味する。同一性は、自我同一性、アイデンティティとも呼ばれる。（N）

てしまったのか自分でもわかるのではないでしょうか。この人生の経験によって、あなたは本来必要としていたよりも早く「成長する」ことを迫られたかもしれません。あなたが一生懸命追い求めていた独立も、あなたが思っていたほど歓迎すべきご褒美ではなかったかもしれません。

あなたも覚えているかもしれませんが、中学や高校時代の特徴は、同世代間の強烈な同調圧力や、人生における自分の役割や居場所、生きる意味に関する疑問、そして親から独立したいという欲求の高まりです。仲間や派閥といったものが何より大切な時期です。誰が仲間で、誰がそうではないのかとか、自分の身の置き場を見つけること（たとえぴったり合った場所ではないにせよ）が重要なのです。

もしあなたの親がティーン期に亡くなったのなら、仲間と違っていることがつらい時期に、あなたは友だちや仲間とは違う人間へと変えられてしまったかもしれません。あなたは経済的な心配や将来の疑問だけでなく、さらに重いプレッシャーや責任を経験したかもしれません。多くの十代と同じく、亡くなった親とのあいだに葛藤を抱えたとすれば、あなたはさらに重い罪悪感や未解決の課題を抱えてきたかもしれません。

こうした経験にあなたにも思い当たるものはありませんか？

悲嘆の処理は生涯続く

「解決」や終わりがあるという一般的な考え方とは逆に、喪失や悲嘆の性質上、あなたは人生のそれぞれの段階ごとに何度も喪失を処理してきました。幼少期から思春期を経て大人になるまで、あなたはいつも親の死を思い出してきたのです。日々の生活の浮き沈みの合間だけでなく、母の日や父の日といった祝祭日、そして卒業式などの特別なお祝いのときにも。

友だち、恋愛、キャリア上の選択、結婚して子どもを持つかどうか。こうしたさまざまな試練に取り組みながら、あなたは同時に、親の不在という現実にも向き合わなくてはなりませんでした。あなたには決断を助けてくれたり、喜びや困りごとを分かち合うことのできる親が近くにいませんでした。大人になってからも、人生の転換期に差し掛かるたびに、親の不在を噛み締めたかもしれません。

「お父さんは私の高校卒業を目にすることはありませんでした」。十七歳のソーニャがダギー・センターのグループでこう嘆きました。「結婚しても私を送り出してくれることはないし、私の子どものおじいちゃんになることもない。それがとても悲しいんです」と彼女は言いました。

両親のいる子どもたちを見ると、いつも自分には親がいないのだということが思い出されたかもしれません。何か成功しても、そのことを祝ってくれるお父さんやお母さんがいないということを思い返すと、喜びも少し色あせてしまったかもしれません。

あなたの親の死は、あなたの人生を間違いなく、永遠に変えてしまったのです。

＊　＊　＊

これまで親を亡くしたときのあなたに影響した一般的な発達上の課題について見てきました。しかし、ピアジェやエリクソンの理論があまり焦点を当てていないことがあります。それはパーソナリティ、社会的または認知的な能力、性格、考え方や物事の理解の仕方の特徴といったあなた独自の要素、そしてそれらの要素があなたの経験にどう影響したかということです。

それから困難な状況から回復する能力であるレジリエンスについて、私たちは何を知っているでしょうか？　そしてその知識はあなたにどう当てはまるでしょうか？　次の章では、この点について検討していきます。

第6章

子どものレジリエンスについて私たちが知っていること——親と死別した子どもの強さと弱さと困難

トーク番組の司会者の話を聴いたり、自己啓発本を読んだり、伝統的な智慧に従えば、うつや自尊心の低下、まずい結婚など、どんな人生のつまずきをも乗り越えることに役立つアドバイスが手に入ります。私たちの生きるフロイト以後の時代には、数千とまではいかずとも、何百もの治療法があります。それなのに個人の成長や癒やしを強調するものはひとつもありません。うつ病で苦しむ人々の数は急上昇を続けており、働くことが難しくなったひとのための保険で、請求の理由としてもっとも多く挙げられるのはストレスです。

「子育ては村中みんなで」とか「幸せな子ども時代を過ごすのに遅すぎるということはない(It's never too late to have a happy childhood)」といったことわざは世間に溢れかえっていますが、子どもを健康な大人に育てるために何が必要なのか、実際のところどれくらいのことを私たちは知っているでしょうか?(まして、どれだけのことを実践しているでしょうか?)

ここで良いニュースと悪いニュースがあります。

良いニュースは、私たちはたくさんのことを知っているということです。

悪いニュースは、少なくとも私やあなたに関しては、過去に戻って、親戚などの私たちに影響を与えた大人を教育し直したり、必要な情報を頭に入れてから自分の子ども時代をやり直すことはできないということです。

それでも私たちがする子育てをもっと良いものにしたり、私たちが生きるなかで出会うたくさんの「リスクにさらされた」子どもたちに、良い影響をもたらすことはできます。また、自分がこれまでどうやって生き抜いてきたのかをあなたがもっとはっきりと理解できれば、約束されていたはずの人生からより多くのものを取り戻し、世界をもっと良いところに変えるためにあなたが持っている技術や才能、独自性を活かすことができると私は信じています。

目標が高すぎるでしょうか？　その通りかもしれません。でも、少し見方を変えてみてください。ヘンリー・デイヴィッド・ソロー（Henry David Thoreau）[一]がウォールデン湖のほとりで考えたことは、いまでも正しいと思うのです。彼は「ほとんどの男（ここに女性も加えましょう）は、静かに絶望した人生を生きている」と言いました。なぜでしょうか？　それはすでに明らかになっている、満ち足りた人生を送るために必要なことを、私たちが理解も実践もしていないからです。

この章では、「リスクにさらされている」と考えられている子どもが人生で成功するためにどうしたら良いか、私たちが知っていること、または私たちが知っていると考えていることについて見ていきます。

（一）　ヘンリー・デイヴィッド・ソロー（Henry David Thoreau, 1817-1862）は、アメリカの作家、詩人、思想家。マサチューセッツ州ウォールデン湖畔の森に丸太小屋を建てて送った、自給自足の生活について書いた『ウォールデン――森の生活』（小学館）などで知られる。（N）

私は、このリスクにさらされた子どものひとりに、親を亡くしたあなたも含めたいと思います（より哲学的なレベルでは、この世界に生まれるとき、私たちは全員「リスクにさらされている」と主張したいくらいです）。

これまで生きてきて、あなたはどこかの時点でどうして自分はこれまでやってこられたのに、どうして他のひとにはそれができなかったのかと考えたことがあるのではないでしょうか。

私たちはこれまでにすでに、子どもの頃のあなたに影響したであろう要因のいくつかについて検討してきました。喪失によってあなたがどんな変化を経験したのか。まわりのひとがあなたにどう影響したのか。年齢に基づく課題があなたの発達にどう影響したのかといったことです。

ここからは、特に子どものレジリエンスについて検討していきます。

「レジリエンス」にはどのような意味があるでしょうか。語源となったのは、「後ろに跳ねる」を意味するラテン語の"resilire"という単語です。私たちはレジリエンスとは困難な状況から回復する力、つまり立ち直りの早さと考えています。

私は、『アメリカンヘリテージ英語辞典』に二番目の語義として書かれている、このような解釈も良いと思っています。引用しましょう。「曲げたり、伸ばされたり、潰されたりしたあとで、元の形や位置を取り戻すことを可能にする物質の特性」です。

親の死は、あなたを曲げ、伸ばし、潰しました。あなたはいったいどうやってそれを跳ね返したでしょうか？

この章を読み進めているときに、あなたに考えて欲しいことがあります。これまであまり考えたことのないことかもしれません。

私たちはしばしば、人生で過去や現在の間違いについて考えます。これを逆転させたいのです。これから困難な状況から立ち直るために、子どもたちがどんな創造的な方法を使っているのか見ていきます。それをどう活かせるのか考えるために、あなたもこのように自分に問いかけてください。「うまくいったことはなんだろう？」と。あなたがいま現在のあなたになるのを助けるために、自分やまわりのひとがしたことはなんだったでしょうか？　自分の成し遂げてきたことに驚いて、自分の回復力を誇りに感じることができるかもしれません。

子どもの「立ち直り」に役立つことは何かというレジリエンスの研究にも、すでに見た研究成果に関する落とし穴が当てはまります。例えば、ひとつの家庭で育ったきょうだいの例について考えてみましょう。シャルロッテはアルコール依存症に苦しみ、安定した仕事につけずにいます。ところが、クリストファーは仕事でも、父親としても成功しているとします。さて、どうしたら彼の成功に影響した要因を、本当に正確に指摘することができるでしょうか？

レジリエンスに関するたくさんの研究のなかでも、ワーナーとスミス[1]が行った研究では六百九十八人のひとを対象に、母親の胎内にいるときから数十年にわたる継続的な調査を行っています。この「カウアイ島縦断調査」では、胎児期、一九五五年の出産時、二歳、十歳、十八歳、三十歳または三十一歳と複数の時点で集中的なデータ収集を行いました。そしてデータの分析により、立ち直ったひとと、そうはならなかったひとを分けていると考えられるものがいくつか見つかりました。この研究ではその見つかった三つのものを「保護的要因」と呼んでいます。これはあくまでひとつの研究の成果ですが、他の研究でも本質的には同じ結論が導かれています。

これからその三つの要因について見ていきますので、これがあなたにどう当てはまるのか考えてみてください。あなたの場合、うまくいったことはなんでしょうか？

第一の要因——あなたの内的特性

ワーナーとスミスは、レジリエンスのある子どもは少なくとも平均的な知能を備えていると言っていますが、私がいちばん興味深いと感じるのは家族や他人から肯定的な反応を引き起こす内的特性を持っているという部分です。言い換えればつまり、立ち直る子どもは基本的にひとに好かれる子どもだということです。

ガーメジー[2]という別の研究者も、レジリエンスのある子どもは大人から「親しみやすい」「協力的」「感情的に安定している」「同世代の子どもから好かれる」と評価されるとしています。あらためて言えば、大人たちが好きになったのは人に好かれる子どもだからです。そうした子どもは、肯定的な自己感覚と内的統制感を持っています。そして、ひとを惹き付ける社会的技能をどうやって高めたら良いかを知っていました。ひとを遠ざけるのではなく、ひとを惹き付ける特性を生まれつき持っているか、それを発達させたか、またはその両方だったのです。

肯定的な反応が先か、それとも肯定的な特性が先か、どちらが正しいか完全に証明することはできないでしょう。だとしても、まわりのひとたちの反応と、子どもの生来の特性はお互いに影響しあい、良いサイクルも破壊的なサイクルも作っていくということは理解できるのではないでしょうか。

（1） E. E. Werner and R. S. Smith, *Overcoming and the Odds: High Risk Children from Birth to Adulthood* (New York: Cornell University Press, 1992).

（2） N. Garmezy, "Resilience in Children's Adaptation to Negative Life Events and Stressed Environments," *Pediatric Annals* 20, no. 9 (1991), pp. 459-66.

ワーナーとスミスの研究によってわかってきたのは、レジリエンスのある子どもに特有の性格や傾向です。ここから「生まれか育ちか」という本質的に解決不可能な疑問が再び頭をもたげてきます。つまり、レジリエンスのある子どもは、生まれながらにレジリエンスを持っているのでしょうか。それとも、欲求を満たそうとする子どもの努力にまわりのひとたちが応えたために、レジリエンスが発達したのでしょうか？　ほとんどの研究がこの二つの両方の組み合わせを支持しています。

　ワーナーとスミスによれば、レジリエンスのある子どもは以下の五つの特徴を持っています。すなわち、愛情の深さ、気楽さ、優れた論証力、自尊心の高さ、「自分の運命を自分自身の行動でコントロールできると強く信じている[3]」ことを意味する内的統制感です。

　バトラーはレジリエンスに関する記事のなかで、ワーナーとスミスの研究成果に基づいて、このような推論をしています。「高校生になるまでに（中略）レジリエンスのある子どもはそうでない子どもに比べて、内的統制感を持っている可能性が著しく高くなっていた。内的統制感とは、物事のあり方は自分で決めることができるという楽観的な自信のことである。つまり、レジリエンスのある子どもは、そのように感じられるだけの能力と、希望を培ってきたと言えるだろう[4]」。

　本書をここまで読み進めてきたのですから、あなたにも自分には平均以上の知的能力があると考えていただけると思います。それにひとを惹き付ける力についても、いくらかはあると自分を認めることができるのではないでしょうか。

でも、バトラーもこのような指摘をしています。「レジリエンスのあるひとは生まれ持った力や、荒々しい独立心や徹底的な個人主義だけで、それを成し遂げたわけではありません(5)」と。あなたも自分を助けてくれるひとを見つけたからこそ、いままで生き延びてこられたのではないでしょうか。

第二の要因――あなたの家族

ワーナーとスミスはレジリエンスのある子どもの二番目の保護的要因のことを、家族との愛情の絆と呼びました。家族には親だけでなく、祖父母や兄・姉といった親代わりの存在も含まれます。このような関係は子どもの信頼や自律性、主体性を育みます。ガーメイジーはこれを

(3) Smith, and Werner, p. 177.
(4) K. Butler, "The Anatomy of Resilience," *Family Therapy Networker* (March/April, 1997), p. 27.
(5) Butler, p. 25.

家族内での感情的なサポートと呼びました。血のつながった大人とのこのような関係がない場合には、少なくともひとりの重要な大人と肯定的なつながりがあることもこれに含めることができます。

親と死別した際に、遺された親と家庭環境から受ける影響に関してはすでに検討しました。レジリエンスに関するほとんどの文献では特に焦点が当てられていませんが、親の死は代表的なリスク要因のひとつとして数えるのにふさわしいものです。

これまでに何人もの研究者がレジリエンスを促進する家族内の保護的な要因について研究してきました。これからあなたの人生でもなんらかの役割を担ってきた十個のレジリエンス要因を紹介します。読みながら、あなたの家族でもたいてい当てはまるものにはチェックを入れてみてください[6]（リストに挙げた要因をどんな状況でもいつも変わらず持ち続ける家族は存在しません。ですから親と死別したあとで、あなたの家族におおよそ当てはまるものにチェックを入れるようにしてください）。

1 □ 私たち家族のコミュニケーションのパターンは、相手を認め、気づかい、助けになるものだった。

2 □ 私たち家族は、自立と独立を大切にし、家族一人ひとりを対等に尊重した。

3 □ 私たち家族は、自分たちに起きたことが理性や論理だけでは説明できないと認めるなんらかのスピリチュアルな信念を持ち、それを実践していた。
4 □ 私たち家族の役割やルール、生活スタイルは柔軟だった。
5 □ 私たち家族は、真実を大切にし、実践し、求めた。
6 □ 私たち家族は、未来への希望を持ち続けることができた。
7 □ 私たち家族は、協力するためお互いに真摯に向き合い、家族が直面する困難に対する統制感と影響力を保っていた。
8 □ 私たち家族は、家族の習慣や家族で過ごす時間を持ち続けた。
9 □ 私たち家族には、家族以外のひとや組織の支えがあった。
10 □ 私たち家族は、本質的には身体的にも感情的にも健康だった。

いくつかよく見なれた言葉があったことに気づかれると思います。真実、約束、希望、楽観主義、柔軟性、統制感、意味の感覚などです。

（6） The ten factors (but not the statements) are from H. I. McCubbin, M. A. McCubbin, A. I. Thompson, S. Han, and C. T. Allen, "Families Under Stress: What Makes Them Resilient," *Journal of Family and Consumer Sciences* (Fall 1997), pp. 2-11.

幸運にも、このような特性が大切にされ、実行されている家庭に育ったのなら、あなたはおそらくとても強いレジリエンスを持っていたのではないでしょうか。もしそのような家庭ではなかったのに立ち直ることができたのだとすれば、それは家族の代わりになってくれるひとを、他に見つけられたからなのかもしれません。なぜなら、誰ともまったく関わらない真空のような環境で生きるひとも、家族もないからです。

第三の要因——家族外のサポート

ワーナーとスミスが見つけたレジリエンスのある子どもの第三の要因は、若者グループ、学校、宗教的共同体といった家族外のサポートです。こうした集団からのサポートは、子どもたちの能力にふさわしいものを与え、物事には筋が通っており自分はちゃんと地に足がついているという感覚を与えてくれます。レジリエンスに関するほとんどの文献が一貫して、ひとりの気にかけてくれる大人がいること（または入れ替わりはあっても、継続的にそのようなひとがいること）が大きな違いをもたらすとしています。

親が亡くなったあと、あなたのそばにいてくれたのは誰でしょうか？

バトラーによれば、「親代わりの存在や、指導者を見つけるのがいちばんうまい子どもが、結果的に誰よりもレジリエンスが高く、自立している」[7]のです。キーワードは「代わりを見つける」です。別の言い方をすれば、あなたのことを気にかけてくれた存在は、偶然そこにいたわけではないということです。こう考えてみてください。あなたは自分がうまくやっていくために積極的な役割を果たしてきたのだ、と。誰か特定のひとがそのときそばにいてくれたことを感謝することもできますが、そのひとたちがあなたに寄り添おうとしたのも、あなたの力あってのことなのです。もしそのひとが自分のところにいてくれなかったら、あなたはどうしていたでしょうか？　きっとそうしてくれる別の誰かを見つけたはずなのです！

ウォリンたちは『サバイバーと心の回復力――逆境を乗り越えるための七つのレジリエンス』(*The resilient Self: How Survivors of Troubled Families Rise Above Adversity*)[8]という素晴らしい本で、このようなことを指摘しています。レジリエンスのある子どもの人生において指導者や親代わりの存在、重要な大人の大切さははっきりしているが、こうしたひとたちとの関係で子ども自身が果たす役割は過小評価されがちだということです。そしてウォリンたちはさらに「大人

(7)　Butler, p. 24.
(8)　S. J. Wolin, and W. S. Wolin, *The Resilient Self: How Survivors of Troubled Families Rise Above Adversity* (New York: Villard, 1993).

による子どもの救済物語」と解釈されがちな子どもたちの経験を、「自ら求め訴える子どもが、潜在的な関心を持つ大人と出会う物語」(9)へと語り直しています。

レジリエンスのある子どもは、通りかかるひとが気づいてくれるまでただ待っている、受け身の花ではありません。子どもたちは自分自身の行動でさまざまなことを表現し、自分への関心を惹きつけているのです。

こうした行動が大人から「行動化」と言われることがあります。もちろん、その通りです。すべての子どもが養育や愛情、そして助けを求める気持ちを「行動化」することで表現するのですから。

子どもたちの行動化は、大人に好かれ、もっとそうするように後押しされるような行動化もあれば、大人に嫌がられ遠ざけられてしまうような行動化もあります。レジリエンスのある子どもはひとを惹き付けるようになるのと同じく、さまざまな特性の組み合わせを発達させていくのです。

子どもの頃のあなたは、どうやって物事に対処していたでしょうか？　どうやって自分の欲求を「行動化」していたでしょうか？　すべての行動には目的があります。あらゆる行動がこの世界において、自分の安全を守るためのひとつの方法です。あなたは戦略的に、どうやって自分の面倒を見たら良いか学んできました。親との死別後、あなたは見事な戦略を立て、そして生き延びたのです。

いま問うべきは、そのときの戦略はいまもあなたのために機能しているのか、それとも機能しなくなっているのか、ということです。

親との死別後のレジリエンス

これまで見てきたレジリエンスのある子どもの特性を踏まえて、親を亡くした子どもに焦点を当てたレジリエンス研究が、ここまで私たちが学んできたことに何を付け加えてくれるのかを見ていきましょう。あなたのレジリエンスに貢献した要因に関して、新たな洞察につながるものはあるでしょうか？

文献からは、親を亡くした子どものレジリエンスに関して、三つの行動的な特徴が浮かび上がってきます。ただし、忘れないでください。こうした発見は何も証明しません。そうではなくて、研究や経験に基づいて何かを予想するとき、その予想の信頼性を高めてくれるものです。

（9） Wolin and Wolin, p. 113.

それでは、これが親を亡くした子どものレジリエンスに特有の行動です。

行動1——亡くなった親との心理的なつながりを保つ子どもの適応は、そうでない子どもよりも、長期的には良いものになりやすい[10]

健康的な悲嘆に関する文献も、悲嘆を抱えたレジリエンスを持つ子どもの文献も、亡くなった親とのつながりを保つという考えを支持しています。アメリカの主流文化では、子どもも大人も「先に進む」ことや「過去に区切りをつける」ことが勧められるため、つながりを保つという考え方はあまり理解されないし、そうするように励ましを受けることもありません。私たちの社会では、素早い解決とハッピーエンドが当たり前になっています。それでも、親を亡くした悲嘆のプロセスは生涯続いていくものです。

亡くなった親との心理的なつながりはさまざまな形を取ります。こちらのリストで、子どもの頃や青年期に自分がしていたのを覚えているものにチェックを入れてみてください。

□ 親の装飾品や服を、自分で身に着けたことがある。
□ 親の遺品をいくつか持っていた。
□ 親の遺骨を持っていたり、お墓参りをしたことがある。

□ 誰かに親のことを話して、思い出に浸ったことがある。
□ 親に手紙を書いたことがある。
□ 写真や心のなかにいる親に話しかけたことがある。
□ 思い出や写真をまとめたアルバムを作ったことがある。

亡くなった親との心理的なつながりを保ち続けることは、遺された親や他の家族、友だち、地域のひとたちから、応援されたかもしれないし、そうではなかったかもしれません。それでも「邪魔や障害に遭ってもレジリエンスにつながる行動を貫き通す子どもがいることは事実[11]」なのです。

行動2――亡くなった親と動的に関わり続ける心のつながりを保つことに成功した若者はレジリエンスがある可能性が高い[12]

親の死とはまるで、時間が凍りつき止まってしまったような一瞬です。あなたも、もし親が

(10) D. Black, "Sundered Families: The Effect of Loss of a Parent," *Adoption and Fostering* 8 (1984), pp. 38-43.
(11) Black, p. 41.
(12) R. S. Pynoos, "Grief and Trauma in Children and Adolescents," *Bereavement Care* 11 (1992), pp. 2-10.

生きていたらどんなふうになっているだろうかとか、自分とはどんな関係になっているだろうと考えることがあるかもしれません。でも、それはもう想像のなかでしか見ることのできないものです。親を亡くしたあともあなたは成長し年を重ね、そして物事が良い方向に進めば、ひとりの大人へと成熟していきます。

亡くなったひとを理想化したり、少なくとも好意的な目で見るのはごく普通のことですが、青年期に鍵となるのは、親離れして親の理想化を止めることです。「心のなかの親の姿を、亡くなった頃のままに固定させず、柔軟に変わり続けるような心理的なつながりを親と持ち続けることのできた若者がいちばんレジリエンスがある[13]」とも言われています。

このようにも言うことができるでしょう。つまり、亡くなったあなたの親は、もう変わることはできません。でもあなたなら新しく情報を手に入れたり何か新しいことに気づき、それまでとは違った新しい形で親を理解することができます。そうすれば、固定的ではなく、動的に変わり続ける心理的なつながりを、親とのあいだに作ることができるのです。

行動3――健康的な悲嘆には回避と追憶のバランスの取れた相互作用が含まれる[14]

心理学の分野では否認には悪評がつきまとっています。でも、実際には表現することとバランスが取れれば否認は必要だし、癒やしにつながる可能性もあります。

表現は色々な形を取ります。全員が泣くわけではありませんし、そうする必要もありません。全員が話すわけでも、そうしなくてはいけないわけでもありません。でも私は、すべてのひとが自分なりの表現方法を見つけ、理解することが必要だと信じています。もしそうしなければ、あなたの悲嘆は出口を求めて、あなたの魂の扉を叩き続けることでしょう。

ホロウィッツたちは「死別反応に対する短期精神療法」（"Brief Psychotherapy of Bereavement Reactions"）という論文のなかで、このようなバランスの必要性を雄弁に語っています。その一節を引用します。

「健全な悲嘆のパターンとは、悲嘆を抱えたひとが回避と目的を持った追憶の両方を行うものであり、どちらか一方に過度に依存し、もう一方を排除するのは不健康なパターンである（中略）ひとは悲嘆の完全な虜となって、そこから離れることを忘れてしまうべきではない。従って断続的に悲嘆回避期のあることが健康的な悲嘆につながる。同様に、過剰

(13) Pynoos, p. 9.
(14) M. J. Horowitz, C. Marmar, D. S. Weiss, K. DeWitt, and R. Rosenbaum, "Brief Psychotherapy of Bereavement Reactions," *Archives of General Psychiatry* 41 (1984), pp. 438-48

な回避も死別による悲しみや苦痛に耐える能力の育成や、変わってしまった人生の状況への直面、そして喪失を受け入れ人生を再構成することの失敗につながる。[15]」

二者択一ではないのです。常に拒絶しているか、常に感情を表現しているかではありません。健康的な悲嘆の道のりには、この両方が含まれているのです。

なぜ親と死別した子どもは高いリスクにさらされていると言えるか?

ここまで、悲嘆を抱えた子どもの保護的な要因について、私たちが知っていることを見てきました。この議論のまとめとして、「七つの重要なこと」についてもういちど確認しておきたいと思います。これは死別を経験していない子どもとの比較を行った研究によって、悲嘆を抱えた子どもにより広く見られることが明らかになった特徴でした。

ここでこの悲嘆を抱えた子どもの特徴と、レジリエンスのある子どもの特徴をひとつの表にまとめてみたいと思います。そして特にこの七つの特徴を大人になっても持ち続けていた場合、悲嘆を抱えた子どもが、いかに高いリスクにさらされているかを説明します。そうすれば、こ

表　悲嘆を抱えた子どもとレジリエンスのある子どもの特徴の比較

悲嘆を抱えた子どもの7つの重要な特徴	レジリエンスのある子どもの5つの性格的特性
・外的統制感 ・低い自尊心 ・高い不安と恐怖 ・うつ病であることを示すより多くの症候 ・より多い事故と健康問題 ・将来に対する悲観的態度 ・パフォーマンスの悪さ	・内的統制感 ・健全な自尊心 ・おおらかな気性 ・愛情深さ ・優れた論理的思考力

の七つ特徴が確かなものだということがよくわかると思います。このことをはっきりさせるため、この比較表を読んでみてください。

死別経験を持たない子どもよりも、悲嘆経験を抱えた子どもがはるかに多く示す中核的要因は外的統制感だと私は信じています。レジリエンスのある子どもは、自分の行動で自分の運命をコントロールできる（内的統制感）と強く信じていました。悲嘆を抱えた子どもは、自分の運命は誰か別のひとの手に握られていると信じており、より高い外的統制感を示していました。不安、抑うつ、悲観主義、健康問題、パフォーマンスの悪さ、そして自尊心が低いのも不思議ではありません。

本章ではレジリエンスのある子どもの特徴や行動

（15）Horowitz *et al.*, p. 443.

について検討し、あなたのレジリエンスがどこからやってきたのかを考える機会としました。

次の章では、子ども時代を終えたあなたに何が起こったのかを見ていきましょう。あなたは成人期に何を持ち込み、それはあなたに何をもたらしたでしょうか？

第7章

子ども時代の親との死別は いまのあなたにどう影響しているか

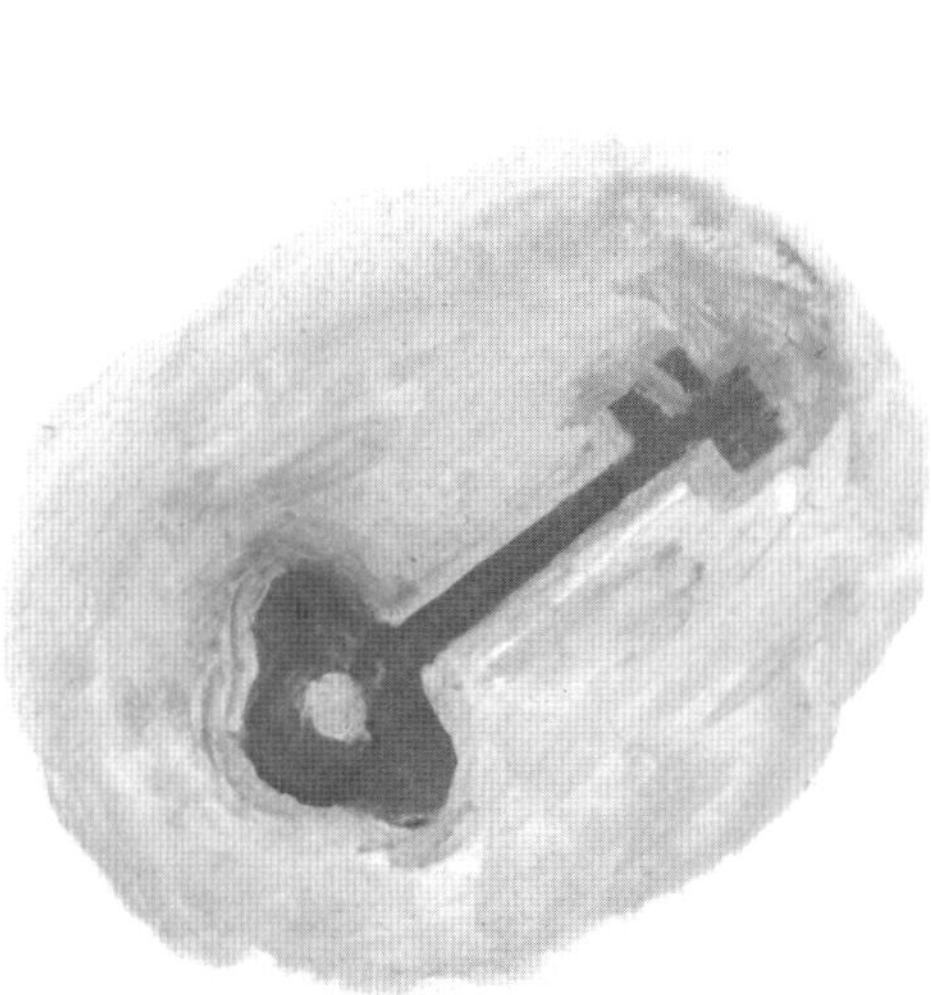

今日、ダギー・センターのウェブサイトを「偶然見つけた」シャロンという女性からメールを受け取りました。そのメールにはこのように記されていました。


自分のことをもっと知りたくなったんです。なんと言いますか、私は大人の身体に閉じ込められた、悲嘆を抱えたままの子どもなんだと思います。

私の母は、私が三歳になる数日前に突然殺されました。その頃は父がベトナムにいたため、私は親切な親族に世話をしてもらっていたのですが、母の弔いの場にはひとつも参加させてもらえませんでした。

両親はその頃まだとても若く二十代前半でした。困ったことに私の新しい「母親」を怒らせるのを怖がって、誰も私の母のことを話したがりませんでした。

私は現在三十三歳になりますが、いまでも毎日悲嘆に悩まされています。私はこれまでうわべでは前向きに生きてきて、誰の目から見ても成功しているように映ると思います。でも実際は、夫だけが私の奥深くにある、本当の痛みを知っているのです。

このような「大人の身体に閉じ込められた悲嘆を抱えた子ども」はシャロンだけではありません。自分に正直になり、自分の弱さを十分に許すことができれば、あなたもきっと自分の中に悲嘆を抱えた子どもがいることに気づくと思います。その子は、いまも悲嘆の痛みに苦しんでいます（もし自分が自動的に「いや、自分は違う！」と反応していることに気づいたら、安全を保つことや統制感、保護といったものへの欲求が、どれほど力強く働いているのかを認識してください。その欲求があなたがレジリエンスを持つことができるように助けてくれたのです。逆に、その欲求があなたを、いまではあまりうまく機能しなくなった、なんらかのパターンに閉じ込めてしまっているかもしれません）。

本書ではこれまで、親の死が子ども時代のあなたにどう影響したのかを見てきました。子どもの頃に親を亡くしたあなたは、そうでないひとと比べると以下の七つの傾向がより強い可能性があることがわかっています。

七つのリスク要因

1　抑うつを経験する可能性がより高かった。
2　健康問題や事故に遭いやすかった。
3　自分の人生がうまくいっていないと感じやすかった。

4　より大きな不安を感じやすかった。
5　自尊心の低さに苦しみやすかった。
6　自分の運命は自分が握っていると感じる（内的統制感）よりも、自分の人生が運命、運などによって決められている（外的統制感）と信じやすかった。
7　将来に対してより悲観的になるリスクが高かった。

本書ではこれまでさまざまなことについて検討してきました。親と死別したとき、そしてそのあとにあなたが直面した発達上の課題。あなたの親が特別な形で亡くなったとき、その死の形そのものが、あなたにどのように影響した可能性があるのか。それ以外にも、遺された親や養育者、その他の大人、加えてより大きなコミュニティから受けた影響の重要性に関しても見てきました。そして最後には、レジリエンスのある子どもと、その子どもが困難な状況や悲劇から立ち直ることを助ける保護的な要因についても検討してきました。次はなんでしょうか？

これから子どもの頃に親を亡くし、大人になったいま現在のあなたのことを検討していきます。子ども時代の親の死は、**現在の**あなたにどのように影響しているでしょうか？

まずはじめに、このテーマに関する研究が明らかにしたことを見ます。研究によってわかったことが自分の経験に当てはまるかどうか、あなたも検討してください。

そして同時に、一見単純にも見える、ある問いについて考えていきます。その問いとは、「子どもの頃に起きたこの出来事は、いまのあなたにどう影響しているだろうか？」というものです。その答えは、これから見ていくように、それほど単純なものではありません。

親の死が、大人になった現在のあなたのあり方に関係しているというエビデンスには、どのようなものがあるでしょうか？　いま「原因」ではなく、「関係している」という表現を使ったことに注意してください。子ども時代の出来事が大人になったあなたの行動の原因になっているということを科学的に証明するのは、二つの理由から不可能です。

最初の理由は、親の死はあなたのいまの姿につながる唯一の出来事ではないことです。親の死が、すべてを変えてしまうような出来事だったことは疑いようもありません。だとしても、それ以外のすべての出来事から切り離すことなどできないのですから、親の死があなたがいまの姿になった唯一の原因だと決定的に証明することはできないのです。

より重要なもうひとつの理由は、子ども時代がどんな大人になるかを決めるという主張は、選択という行動が果たすとても大切な役割を考慮に入れていないからです。

いくつか「免責事項」を述べましたが、科学的に実態を明らかにしたり証明することができないものの大切さを排除しないようにしましょう。私は子どもの頃の出来事が私たちに影響している、とはっきり言うことはできると思うのです。だとしても、私たちが許さなければ、（たとえそのように感じたとしても）過去が私たちをコントロールするようなこともありません。

幼少期に起きた親との死別に関する長期的な研究のほとんどは、精神病理学の視点に立って行われています。つまり、研究者が明らかにしようとしたのは、子ども時代の親の死が、診断名がつくような精神または行動の障害につながるかどうかということです。ほとんどの保険会社が保険金を支給するのは、このような診断名がついたものだけだからです。さまざまな意見がありますが、親の死とそれ以降に発症した精神病理の関連に関する科学的なエビデンスは、せいぜい論争がある、としか言えないものに過ぎません。

このように、まだ研究が十分に行われていないため、信頼できる情報を得るのは困難です。また、大人になったあなたのことを知るための研究をしようとしても、研究という営みそのものの問題もまた別にあります。

私たち研究者は通常、「後ろ向き」と呼ばれる研究方法を用います。これは現在の時点から過去を振り返り、子どもの頃の出来事が大人になってから現れてきたなんらかの状態を引き起こしたり、寄与しているかどうかを推測するという研究方法です。

そのため研究者はあなたやその他の悲嘆を抱えた大人にたくさんの質問やテストを行い、悲嘆を抱えていない大人の同じ質問に対する回答やテストの結果と比較をします。ところが、このような研究手順には欠点があるのです。

例えば、子どもの頃に親をひとり亡くした百人のひとと、そのような経験を持たない百人のひとを比較して、チョコレートを二倍も多く食べるということがわかったとしましょう。それでは、子どもの頃に親をひとり亡くすということは、チョコレートの過剰な消費につながるということになるのでしょうか？　その可能性もありますが、単なる偶然かもしれず、どちらなのかはっきり決めることはできないのです。

事態を複雑にしているもうひとつの原因は、ほとんどの場合、研究者が特別な集団を調査対象にすることです。例えば、心理学的な援助を求めて入院しているひと、刑務所に収容されているひと、それ以外にも、なんらかの特別な治療を受けているひとたちなどです。この分野ではほとんどの研究が精神病理を見つけるために行われます。でも、おそらくあなた自身も含め、ほとんどのひとは自分のことを精神病質者《サイコパス》とは呼ばれたくないのではないでしょうか。

ところが、この言葉の本当の語源はより多くの示唆を与えてくれます。「精神（Psycho）」とは、「魂」を意味するギリシャ語の〝psukho〟が語源です。「病理学（pathology）」の語源は、「苦しみ」を意味する〝pathos〟が語源です。ですから、「精神病理学（psychopathology）」とは、文字通り「苦しむ魂」を意味しています。

この観点に立てば、私たちは誰もが精神病なのです。私たちはみな、魂の苦しみを経験しているのですから。問題は単にどれくらい苦しいのかという、程度の問題なのです！

しかし、私たちのいまの目的は、精神疾患や臨床的な行動障害という観点から、親の死があなたにどのように影響したのか検討することではありません。ですから、ここでは親を亡くした子どもが、大人になってからも抱え続ける可能性のある七つの重要な症状に限って見ていくことにしましょう。

あなたも二つや三つ、場合によっては七つすべてが自分に当てはまることに気づくかもしれません。またはひとつも当てはまるものがなく、驚くのは私のほうなのかもしれません。

第2章では、子どもの頃を振り返っていくつかの質問に答えていただきました。今度は同じ質問をいまの大人になったあなたの生活に当てはめてたずねましょう。

あなた自身への七つの質問

1　うつ状態にある。または、許容範囲を超えるほど頻繁にうつ状態になるか？

2　「自分の取り分」、つまり一般的に多くのひとが経験すると考えられるよりも多く、病気や事故、健康問題を経験してきたか？
3　自分の可能性を発揮しきれていない、または自分は十分にやれていないないと感じているか？
4　自分の将来に関して、不安や恐怖を感じるか？
5　基本的に、受け入れがたいほど自尊心が低いと感じているか？
6　自分の人生に起こる出来事のほとんどは偶然や運命、そして運のような自分ではコントロールしがたいものによって起こると信じているか？
7　将来に対して、悲観的で希望を持てないと感じているか？

このなかに当てはまるものがあったとしてもおかしなことではありません。この先を読み進めていくときには、親の死後にあなたが身に着けてきた物事への対処方法は、あなたがこれまで生き延びるのを助けてくれたということを忘れないようにしてください。

その方法のなかには、あなたが大人として成功することの助けになったものもあれば、逆に本当に望んでいる自分になることをためらわせているものもあるでしょう。

どちらにせよ、いまは自分を評価しないようにしてください。そして自分に合うものだけを取り入れて、合わないものは無視するようにしてください。同時に、意識から排除しようとしたものは、さまざまなやり方で私たちに気づいてもらおうとするということにも注意してください。

私はこのような症状が大人になってから現れる形は、三つの一般的なカテゴリーに分けられると信じています。つまり、関係性、パフォーマンス、そして人生への満足度です。もしあなたがより強く人生を肯定できる関係性を持ったり、自分の可能性を発揮する計画を立て達成したり、この世界でもっと満足できる役割を担いたいと思っているのなら、このまま読み進めてください。

忘れないでください。抑うつ、健康問題、不適切感、不安、自尊心の低さ、無力感、悲観主義の七つの問題は**症状**です。あなたの注意を惹き付けようとしているのです。これは基本的にあまり心地の良いものではないので、私たちはしばしば回避しようとします。感情を感じないようにしようとして、セルフメディケーションとしてアルコールなどの薬物を摂取したり、いつも忙しくしたり、それ以外にもたくさんある、なんらかの回避行動をしようとします。

こうした症状は、私たちの心の内側にいる子どものようなものです。私たちが心の扉を開けて、その子が何を伝えようとしているのかちゃんと受け取ろうとするまで、どんどん行動が乱暴に激しくなり続けるのです。

それではひとつひとつの質問について見ていきましょう。

1　あなたはうつ状態にある。または、許容範囲を超えるほど頻繁にうつ状態になるか？

いまやうつ病に遺伝的要因があるということには議論の余地はないようです。でも私の場合、より重大な要因は十三歳のときの母親の死でした。思春期やそれ以前に親、特に母親を亡くしたり失うという人生早期の悲しみは、うつ病に関する文献では回復不可能に近い感情的な大混乱を引き起こすトラウマとして繰り返し登場します。

その危険は、若者が「不完全な喪」と呼ばれるものに影響されている場合に特に顕著です。これは悲嘆のカタルシスを完遂することができず、何年も経ってからも耐え難い精神的重荷を抱えている状態です。「不完全な喪」には行き場のない悲しみだけではなく、激しい怒りや罪悪感が入り混じっているため、自己破壊を引き起こす種となる可能性もあります。[1]

これは『ソフィーの選択』で知られる著名な作家であるウイリアム・スタイロン（William

（1） William Styron, *Darkness Visible: A Memoir of Madness* (New York: Random House, 1990).

Styron）が自分の精神病経験を綴った手記の一説です。彼は六十代で自殺願望を持ってはじめて、自分は生涯のほとんどをうつ状態で過ごしてきたと気づきました。彼は勇敢にも自分のうつ病の始まりとその理由をたどり、十三歳のときの母親の死と、その後すぐに必要としていた母親の喪を行えなかったことがつながっているということを発見しました。

私は子ども時代の死別と成人期のうつ病に関して、研究でどのようなことが言われているか調べているうちに、親との死別による長期的な影響としていちばん多く挙げられているのはうつ病だということに気づきました。

ところで、この二つの意見について考えてみてください。どちらも同じ年に、信頼できる専門家の出版物に書かれたことです。

「小児期における親との死別は、成人期におけるうつ病のリスクを二〜三倍に高める(2)」

「小児期における親の死と成人期のうつ病、またはそのあらゆる下位分類とのあいだの理論的な関係を裏付ける適切な実証的データは存在しない(3)」

成人期のうつ病と小児期における親との死別の関係性を示すと主張している多数の専門的文献を検討すると、四つのことが目立ちます。

成人千二百五十人が診療所で質問紙とうつ病尺度に回答したところ、子ども時代に親を亡くしていたひとは、大人になってからの抑うつの度合いが有意に高いことがわかりました(4)。

子ども時代に親の死を経験した女性に関して、特にのちの母親としての役割に対する影響を調べた研究もあります。その研究では、十歳以下の子どもが少なくともひとり以上いて、十三歳までに親の死を経験した二十八人の母親を、親を亡くしたことのない母親と比較しました。すると死別を経験した母親は、抑うつと自殺願望が有意に高いことがわかりました。[5]

自殺しようとしたあとに緊急治療室に入院した九十八人の成人と、年齢と性別の条件が一致する一般的な治療を受けている百二人の成人を比較した研究では、自殺しようとしたひとは子ども時代に死別を経験している確率が有意に高いことがわかりました。[6]

大うつ病と診断された六十人の女性と、うつ病ではない四百人の女性を比較した研究では、

(2) C. Lloyd, "Life Events and Depressive Disorder Reviewed: Events as Predisposing Factors," *Arch General Psychiatry* 37 (1980), pp. 529-35.
(3) T. Crook and J. Elliot, "Parental Death During Childhood and Adult Depression: A Critical Review of the Literature," *Psychological Bulletin* 87 (1980), pp. 252-59.
(4) G. Barnes and H. Prosen, "Parental Death and Depression," *Journal of Abnormal Psychology* 94 (1985), pp. 64-69.
(5) D. Zall, "The Long-Term Effects of Childhood Bereavement: Impact, on Roles as Mothers." *Omega Journal of Death and Dying* 29 (1994), pp. 219-30.
(6) K. Adam, A. Bouckoms, and D. Streiner, "Parental Loss and Family Stability in Attempted Suicide," *Archives of General Psychiatry* 39 (1982), pp. 181-85.

子ども時代に死別を経験している確率に有意差が見つかりませんでした(7)。

このように研究からは矛盾する結果が明らかになっています。ではいったい何を信じたらよいでしょうか？

私がお勧めするのは、自分の経験を信じるということです。仮に、あなたは自分が大人になってからたくさんの抑うつを経験していることを認めているとしましょう。論理的には、あなたが問うであろう疑問はこのようなものになると思います。私がうつ病になっているのは、親の死と「行き場のない悲しみ」が原因だろうか？と。

考えられる答えはこのようなものです。

1 はい。
2 いいえ。
3 たぶん。
4 おそらく一部はそうだけれども、それだけが原因ではない。

ほとんどの場合、うつ病はただひとつの経験、出来事、または状況の結果によって生じるものではないため、この質問に明確に答えることはかなり困難です。あなたのうつ病は、あなたが長年にわたり持ってきた一連の悪い関係や、または同じ仕事を続けてこられなかったことに関係しているかもしれないし、していないかもしれません。こうした出来事は、あなたが親の死をどのように処理したのかということに関係しているかもしれません。他の喪失や失望がうつ病をさらに悪化させた可能性もあります。あるいは、あなたは生得的にうつ病にかかりやすい遺伝的形質を持っているひとのひとりなのかもしれません。

いまはまず、この大切な問いを自分にたずねてみてください。「私は両親の死とそれが変えてしまった私の人生を悼むことをしただろうか？　それともそこにはまだ、すべきことが残されているだろうか？」と。

まだ手付かずのままの仕事が残っていると感じても遅すぎることはありません。ただ、「不完全な喪」という言葉の意味を誤解しないでください。この言葉は定義上、まるで「完全な喪」というものがあるかのような響きがあります。でも実際には、悲嘆にはそれが完全に終わったと言うことができる魔法のような瞬間などありません。駆け抜けるべきゴールラインは存在しないのです。

（7）　T. Hallstrom, “The Relationship of Childhood Socio Economic Factors and Early Parental Loss to Major Depression in Adult Life,” *Acta Psychiatrica Scandinavica* 75 (1987), pp. 212-16.

なぜなら、死別を経験したあなたは、それ以前のあなたとけっして同じではないからです。喪は生涯にわたって継続するプロセスです。あなたにできるのは、もし選択するなら、**あなたにとって**まだ不完全なままになっていることに向き合い、それについて何かすることだけです。

それから、信じられないかもしれませんが、うつ病については良い知らせがあります。これについては次の章で詳しく見ていきます。

それでは質問2に進みましょう。

2 あなたの健康問題や事故は多かったか?

私はいま、この本を書きながら、約五千キロ離れた家族から、集中治療室に入って二十二日目になる父の様態を知らせる電話が来るのを待っています。先週一週間、私たち家族はもうこれで最期だと思いながら父と一緒に過ごしました。その後、容態が回復したため私はポートランドに戻ってきました。

昨日の朝、母から父が弱ってきているという電話がありました。午前九時に、医師があともう数時間だと宣告したというのです。それからもう三十時間が経ちましたが、まだ父は呼吸を続けていて、私は「その電話」が来るのを待っています。

この二十四時間のあいだに、私は廊下のドアで指を思い切りはさみ、夕食の準備中に包丁で親指を切り、リング式バインダーで血が出るほど激しく手首を挟みました。強いストレスを感じ、集中力や抵抗力が減っているときには病気だけでなく、このような事故にも遭いやすくなることが珍しくありません。

風邪やウイルス、バクテリアへの感染を防いでくれる免疫機能の低下とうつ病の関連は医学の研究で詳しく描かれています。

私は、感じたくない感情を抑圧したり意識から排除するときにも同じ現象が起こるのだと思います。それは「悪い」感情というよりも、私たちを居心地悪くさせがちな感情です。怒り、悲しみ、恐怖、欲求不満、混乱、激怒、憂鬱、無益さ。このような感情を自分の内側に溜め込んでいるとき、それはどこにも消え去ったりはしません。そして気づいていてもいなくても、私たちに感染し、私たちに影響を及ぼすようになるのです。

逆に、両親の死という経験があなたをさまざまな形で強くした可能性もあります。子どもの頃に親を亡くした大人の多くは、ひと一倍繊細になり、人生やひととの関係がどれほど唐突に終わりうるものなのかを理解するようになります。そのため、人生をより深く理解し感謝したり、そしてひととともより深くつながることができるようになったと信じています。

もしあなたが病気や事故を普通のひとよりも多く経験してきたのなら、表現されないままの感情と、あなたが病気や事故に遭いやすいということには何かつながりがあるのかもしれません。

3　あなたは可能性を出し切れていない、またはいつも十分にやれていないと感じているか？

スパイス・ガールズのメンバーだったジェリ・ハリウェル（Geri Halliwell）[一]は、グループに加わる半年前に父親を亡くしていて、こう語っています。「ある意味、父の死が私を駆り立ててきました。味わった苦痛のために、私はひどく野心的になったのです[8]」。

私がこの本のために行った、子どもの頃に親を亡くした大人へのインタビューでは、成功という概念が百回以上も出てきました。成功について語るひとたちは二種類に分けられるようでした。自分の可能性を発揮できていないと感じているひと（約四〇％）と、成功するように「駆り立てられている」と語るひとです。

また、全体の九割以上のひとが、死別を経験していない同世代のひとよりも、自分は「早く大人になった」と信じていました。そして大部分で自分は成功していると感じているひとですら、子どもの頃に余分な責任を背負ったために、何をやっても十分やったと感じられないようでした。

この特定の点に触れている研究はあまり見つかりませんでした。ただ、すでに見たバトラーの母親の研究では、子どもの頃に親を亡くした経験のある母親は、そのような経験のない母親に比べて、より完璧でなければならないと強く感じていることが指摘されていました。(9) 実際に、子どもの頃に親を亡くして大人になってからとても成功したひとがあらゆる分野にいます。不完全ですが、この俳優や表現者のリストを見てください。まるで大成功した著名人のリストのようです。

ティム・アレン（Tim Allen）(二)、リチャード・ベルザー（Richard Belzer）(三)、ケイト・ブランシェ

（8） *Newsweek* (June 14, 1999).

（9） Zall, op. cit.

（一） ジェリ・ハリウェル（Geli Halliwell, 1972-）は、イギリスの歌手・俳優。一九九四年に結成された女性五人組のポピュラー音楽グループ「スパイス・ガールズ」の元メンバー。一九九六年に発売されたグループのデビューアルバム『スパイス』は全世界で三千百万枚以上売れ、史上最も売れた女性グループのアルバムとなった。スパイス・ガールズのメンバーとしてデビューする直前の二十一歳のときに父親を亡くす。（M）

（二） ティム・アレン（Tim Allen, 1953-）は、アメリカの俳優。ディズニー・ピクサーのアニメーション映画『トイ・ストーリー』シリーズの宇宙飛行士人形のバズ・ライトイヤー役で知られる。十一歳のときに飲酒運転の車に轢かれて父親を亡くす。（M）

（三） リチャード・ベルザー（Richard Belzer, 1944-）は、アメリカの俳優。ボルチモア市警の日常を描いたテレビドラマシリーズの『ホミサイド／殺人捜査課』などで知られる。十八歳のときに乳がんで母親を、二十二歳のときに自殺で父親を亡くす。（M）

ット（Cate Blanchett）(四)、ダブニー・コールマン（Dabney Coleman）(五)、ビリー・クリスタル（Billy Crystal）(六)、ダニエル・デイ＝ルイス（Dan Day-Lewis）(七)、グロリア・エステファン（Gloria Estefan）(八)、ジェーン・フォンダ（Jane Fonda）(九)、アレサ・フランクリン（Aretha Franklin）(一〇)、フレッド・グランディ（Fred Grandy）(一一)、ショーン・レノン（Sean Lennon）(一二)、ジョアン・ランデン（Joan Lunden）(一三)、ビル・マーレー（Bill Murray）(一四)、ロージー・オドネル（Rosie O'Donnell）(一五)、コキー・

（四）　ケイト・ブランシェット（Cate Blanchett, 1969-）は、オーストラリアの俳優。ウディ・アレン監督の映画『ブルー・ジャスミン』で実業家の夫の逮捕をきっかけに没落し精神を病んでいく女性を演じアカデミー主演女優賞を受賞した。十歳のときに、心臓発作で父親を亡くす。（M）

（五）　ダブニー・コールマン（Dabney Coleman, 1932-2019）は、アメリカの俳優。ジェーン・フォンダ主演の映画『九時から五時まで』などで知られる。死別の詳細不詳。（M）

（六）　ビリー・クリスタル（Billy Crystal, 1948-）は、アメリカの俳優。コメディ番組の『サタデー・ナイト・ライブ』で活躍し、アカデミー賞の司会もこれまでに九回担当してきた。十五歳のときに亡くなった父親とともに過ごした休日を、一人舞台の「七百の日曜日」の題材にした。（M）

（七）　ダニエル・デイ＝ルイス（Sir Daniel Day-Lewis, 1957-）は、イギリスの俳優。リンカーン大統領役を演じた二〇一二年の『リンカーン』で、史上初のアカデミー主演男優賞の三度目の受賞者となった。二十歳のときに桂冠詩人だった父親を亡くす。（M）

（八）　グロリア・エステファン（Gloria Estefan, 1957-）は、キューバ生まれのアメリカの歌手。俳優。一九八五年の『コンガ！』など多数のヒット曲で知られ、三度のグラミー賞を始めとする多数の賞を受賞する。ベトナム戦争の帰還兵で、枯葉剤に曝露したことが原因でなった硬化症に苦しんだ父親を二十三歳のとき亡くす。（M）

（九）　ジェーン・フォンダ（Jane Fonda, 1937-）は、アメリカの俳優。一九七一年の『コールガール』と一九七八年の『帰郷』で、二度のアカデミー主演女優賞を受賞。ベトナム戦争への反戦活動でも知られる。十二歳のときに、社交界の知名人だった母親を自殺で亡くす。父親で俳優のヘンリー・フォンダからは母の死が心臓発作だったと聞かされていたが、その一年後に友人から手渡された映画雑誌で母の死の真相を知った。（M）

（一〇）　アレサ・フランクリン（Aretha Franklin, 1942-2018）は、アメリカの歌手。「クイーン・オブ・ソウル」とも呼ばれるソウル・ミュージックの代表的歌手。十歳に直前、ゴスペル歌手だった母親を心臓発作で亡くす。（M）

（一一）　フレッド・グランディ（Fred Grandy, 1948-）は、アメリカの俳優・政治家。一九七六年から一九九〇年にかけてアメリカＡＢＣテレビで放送された、豪華客船での人間模様を描いたテレビドラマシリーズ『ラブ・ボート』などで知られる。一九八七年から一九九三年にかけてアイオワ州選出の下院議員としても活躍した。十二歳のときに父親を心臓発作で、さらにその一年後には母親を動脈瘤で亡くす。（M）

（一二）　ショーン・レノン（Sean Lennon, 1975-）は、アメリカの歌手。ジョン・レノンとオノ・ヨーコ夫妻の第一子。九歳のときにオノ・ヨーコの五十歳の誕生日に合わせて制作されたトリビュートアルバム『Every Man Has A Woman』で“It's Alright”を歌いデビュー。一九八〇年に父親のジョン・レノンが自宅アパートの眼の前で銃撃され殺害される。（M）

（一三）　ジョアン・ランデン（Joan Lunden, 1950-）は、アメリカのジャーナリスト・作家。一九八〇年から一九九七年にかけてアメリカＡＢＣテレビの報道番組『グッド・モーニング・アメリカ』のキャスターを務めた。十三歳のときにがん専門の外科医だった父親を、自家用飛行機の墜落事故で亡くす。（M）

（一四）　ビル・マーレー（Bill Murray, 1950-）は、アメリカの俳優。一九八四年に主演したニューヨークの幽霊退治会社を起業した博士たちの活躍をコミカルに描いた『ゴーストバスターズ』や、田舎町のお祭りをニュース番組の取材で訪れた気象予報士の男が、永遠に繰り返される一日に閉じ込められる様子を描いた一九九三年公開の傑作コメディ映画『恋はデジャ・ヴ』などで知られる。十七歳のときに、糖尿病を患っていた父親を亡くす。（M）

（一五）　ロージー・オドネル（Rosie O'Donnell, 1962-）は、アメリカの喜劇俳優。一九九六年から二〇〇二年にかけてアメリカＮＢＣテレビで放送された『ザ・ロージー・オドネル・ショー』などで知られる。十一歳を迎える数日前に、母親を乳がんで亡くす。（M）（一六）　コキー・ロバーツ（Cookie Roberts, 1943-）は、アメリカのジャーナリスト・作家。アメリカＮＰＲラジオのコメンテーター。二十九歳のときに、ルイジアナ州選出の下院議員だった父親が、同僚議員と乗り合わせた飛行機が行方不明となる。三十九日間にわたって乗員と機体の捜索が続けられたが行方はわからないままだった。（M）

ロバーツ（Cokie Roberts）[一六]、ジュリア・ロバーツ（Julia Roberts）[一七]、マーティン・シーン（Martin Sheen）[一八]、バーブラ・ストライサンド（Barbra Streisand）[一九]。

ですから、文献のなかにも現実の世界にも、子どもの頃に親を亡くしたひとは力を発揮できなくなるよう運命づけられているとするものはありません。それでも、少なくとも成功するように駆り立てられていると感じるひとがいることについてはいくらかエビデンスがあります。だからこのことを少し考えてみてください。あなたはこれまでの人生で、自分が成し遂げてきたことを認め、祝福することができますか？

あなたが感じていることは実際には、あなたが力を発揮できてこなかったということではなく、むしろ自分の成し遂げてきたことを過小評価しているということなのかもしれません。

4　あなたは自分の将来に関して、不安や怖れを感じるか？

不安と子ども時代に親を失うことの研究に関して、次に挙げるいくつかの点について考えてみてください。

子どもの頃に親を亡くした母親の研究では、喪失を抱えた母親はそうでない母親に比べて、著しく強く自分の死を心配し、子どもに対してより過保護であることがわかっています。

千十八組の双子を対象としたある研究では、そのうち六十二組が十七歳になるよりも前に親をひとり亡くしていました。そしてこの六十二組の双子は、パニック障害やなんらかの恐怖症になるリスクがより高くなっていました。(10)

(10) Hallstrom, op. cit.

(一六) コキー・ロバーツ (Cookie Roberts, 1943-) は、アメリカのジャーナリスト・作家。アメリカNPRラジオのコメンテーター。二十九歳のときに、ルイジアナ州選出の下院議員だった父親が、同僚議員と乗り合わせた飛行機が行方不明となる。三十九日間にわたって乗員と機体の捜索が続けられたが行方はわからないままだった。(M)

(一七) ジュリア・ロバーツ (Julia Roberts, 1967-) は、アメリカの俳優・プロデューサー。リチャード・ギア演じる実業家によって洗練された女性への変身させられるコールガールを演じ、ゴールデングローブ賞主演女優賞を受賞した一九九〇年公開の『プリティ・ウーマン』や、まったく法律的知識を持たなかったにも関わらず企業の環境破壊への責任を追求し、アメリカ史上最大の和解金三億三千三百万ドルを勝ち取った実在の女性を演じ、アカデミー主演女優賞を受賞した『エリン・ブロコビッチ』などで知られる。十歳のときに父親を咽頭がんで亡くす。(M)

(一八) マーティン・シーン (Martin Sheen, 1940-) は、アメリカの俳優。一九七九年に公開されたフランシス・フォード・コッポラ監督の『地獄の黙示録』では、カンボジアのジャングルで自らの帝国を築いていたカーツ大佐への暗殺命令を請け負う、主役のアメリカ陸軍のウィラード大尉を演じたことで知られる。十一歳のときに母親を亡くす。(M)

(一九) バーブラ・ストライサンド (Barbra Streisand, 1942-) は、アメリカの歌手・俳優。実在の舞台女優ファニー・ブライスの自伝的舞台劇および映画で、ブライス役を演じアカデミー主演女優賞、また自ら作曲を手がけた主題歌を歌い主演した一九七六年の映画『スター誕生』では、アカデミー賞歌曲賞を受賞。生後わずか十五ヶ月のとき、高校で教師をしていた父親を亡くす。(M)

子ども時代の親の喪失と大人になってからの不安の関係を証明するのは難しいことですが、つながりがあるのではないかという考えには大いに納得します。もしあなたの親が病気で亡くなっていたら、自分も同じ病気で命を失うのではないかという不安を感じているかもしれません。私がこれまでお話ししてきた方全員が、なんらかの形でこのような恐怖について語りました。心臓発作や乳がんのような遺伝との関連が知られている病気で親を亡くされていた場合は特にそうでした。例えば、多くのひとは、親が亡くなったときの年齢に自分が近づいてきたときに感じた心配について語りました。

あなたの親が殺害されたり、自殺、事故死した場合は、あなたは幼い頃にすでに世界は常に安全な場所ではなく、大切なひとも死んでしまうのだと学んでいます。そして、自分自身の死もより意識するようになりました。子どもがなんと多くのものを背負っていることでしょうか！

破壊的な環境で育つか、自分で自分を育てなければならなかったとしたら、あなたが感じている不安や恐れはそうなって当たり前の、根深いものだったかもしれません。

このような不安は、いまのあなたの人生にさまざまな形で現れてくることがあります。四十二歳のクリスティーナのように、自分がジレンマに囚われているように感じたと話すひともいます。「一方では、悪いことも起こると知っているから慎重にならなくてはいけないと感じます。でももう一方では、自分の人生は短いのだから精一杯生きたいと思っています。私はこの二つの極端な考え方のあいだを行ったり来たりしているのです」。

八歳のときに、テストパイロットだった父親を飛行機の墜落事故で亡くしたオーストラリア人俳優のガイ・ピアース（Guy Pierce）[二〇]のように、あなたもリスクを犯すひとになるように駆り立てられているのかもしれません。それとも正反対のところにいて、新しいことに挑戦するのを恐れているのかもしれません。

ある興味深い研究では、親を亡くしたことのない大学生と比較して、親を亡くした大学生は自分がより死にやすいと感じているかどうかを調べています。予想通り、答えはイエスでした。研究者は親を亡くしたという事実よりも、この「知覚された脆弱性」こそが大人になってから不安や抑うつを経験する可能性の、より重要な予測因子だと結論づけています。言い換えれば、そのひとが自分自身の脆弱さをどのように**感じたか**が重要だということです[11]。

（11） G. C. Mireault and L. A. Bond, "Parental Death in Childhood: Perceived Vulnerability, and Adult Depression and Anxiety," *American Journal of Orthopsychiatry* 62 (1992), pp. 517-24.

（二〇） ガイ・ピアース（Guy Piarce, 1967-）は、イギリス生まれのオーストラリアの俳優。自宅に押し入った強盗から受けた外傷で脳を損傷し、現在の記憶を十分間しか保つことができなくなりながらも、妻を殺害した犯人たちに復讐しようとする男を演じた映画『メメント』（二〇〇〇年公開）などで知られる。八歳のとき、テストパイロットだった父親が飛行中の事故で亡くなる。（M）

次の章で見るように、不安はどのような出来事が起きたのかということよりも、その出来事についてどのような物語を語るのかにより深く関係しています。

5　あなたは一般的に、受け入れがたいほど自尊心を低く感じているか？

心理学者のセリグマン[一二]は、自尊心についてこのように書いています。

自尊心という考え方に反対しているわけではありませんが、私はこれはあるひとつのシステムとしての人間が、どういう状態にあるかを読み取るためのメーターに過ぎないと信じています。自尊心そのものを何かの目的とすべきではありません。学校や仕事でうまくやれているとき、愛するひととうまくやれているとき、試合でうまくやれているとき、このメーターは高く表示されます。もしあなたがうまくやれていなければ、表示は低くなります。私は相関関係ではなく、因果関係に関する情報を求めて自尊心に関する文献をくまなく調べました。若者の高い自尊心が、良い成績やより高い人気、十代での妊娠率や福祉サービスの利用率がより低くなることの**原因**になるというエビデンスを探しました。

しかし、このような情報は文献からは見つけられませんでした。自尊心というのは、そのひとがこの世界でどれくらいうまくやれているかということの現れ、または相関でしかないようです[12]。

私自身も、子ども時代の死別と大人になってからの自尊心の関係について直接触れている文献をひとつも見つけることができませんでした。でももし、あなたがこの「受け入れがたいほど自尊心が低いと感じているか」という質問に「イエス」と答えるのであれば、この点についてさらに検討する価値があります。

私が信じているのは、自尊心とは私たちが自分自身について語ること、つまり私たちがこの世界や自分の経験を理解するために語る物語から生み出されるものだということです。もちろん、まわりのひとがあなたについて語る言葉の影響もありますが、最終的には自分が決めるものなのです。

子どもの頃には、まわりのひとが私たちについて語る意見から深く影響を受けていて、それ

---

(12) M. E. Seligman, *Learned Optimism* (New York: Simon & Schuster, 1998), pp. vi, vii.

(二一) マーティン・セリグマン (Martin Seligman, 1942-) は、アメリカの心理学者。人間の強みや長所に着目し、幸福感や満足感、人生の質を向上させることで、病いの治癒ではなく、より充実した人生を生きることを目指すポジティブ心理学を提唱したことで知られる。(N)

が成長期にある私たちがどのような人間になっていくのかを決めていました。でも大人になった私たちはもう、まわりのひとが私たちについて言ったことやしたことに縛られ続ける必要はありません。何を考え、何を信じ、何を感じるのか、私たちは選択することができます。

悲劇から立ち直る能力であるレジリエンスの文献に、この自尊心の問題に関する興味深い解説があります。リスクにさらされたハワイの若者を出生前から生涯にわたって追跡した研究では、三十一歳、または三十二歳のときに自分を肯定的に評価できるようになることを予測する因子をいくつか明らかにしています。

男性の場合、将来肯定的な自己評価を持つようになることをもっともよく予測したのは、頼ることのできる感情的な支援の源をいくつ持っているかということでした。女性の場合は、それは内的統制感でした[13]。

このことは私たちの六つめの質問につながります。

6　あなたは自分の人生に起こる出来事のほとんどは偶然や運命、そして運のような自分ではコントロールしがたいものによって起こると信じているか？

この問題は、トラウマ的喪失を経験した子どもと大人の重要な問題を浮かび上がらせます。それはコントロール（統制感）の問題です。親が亡くなったとき、あなたは物事のコントロールを失っているという感覚を強く感じたかもしれません。

あなたは親の死を防ぐことはできませんでした。そして、自分がしたこと、またはしなかったことによって、なんらかの形で自分が親の死を引き起こしたと信じたかもしれません。

私たちは、親は生涯ずっと一緒にいてくれると期待するものです。だからこそ子ども時代に親を亡くすことは、このような信念を砕き、世界は公正なものだという感覚をかき乱します。私たちは、文字通り、物事のコントロールを失うのです。

ハワイで行われたレジリエンス研究の論文にはこのように書かれています。レジリエンスのある子どもは「そうでない子どもに比べて高校生になるまでに、内的統制感を持っている可能性が著しく高くなっていた。内的統制感とは、自分の運命は自分の行動で決められると強く信じていることである[14]」。

この点に関する取り組みのひとつとして、ダギー・センターでは、物事を自分で選ぶ練習を通して子どもたちに自分が寄って立つ足場を取り戻してもらうということをしています。

センターでは、すべてのグループは、安定感を作る儀式として伝統的な「オープニングサー

(13) Werner, op. cit.
(14) Butler, p. 27.

クル」から始まります。次に、子どもたちは自由時間に何をしたいか、ひとりずつ自分で決めます。おめかし部屋で遊ぶか、それとも箱庭やアート部屋、ゲーム部屋で遊ぶか、その場に残って話すか、外に行くか、それともクッションやぬいぐるみを投げたり叩いても安全な「火山の部屋」に行くかを決めるのです。そしてたいていは、一緒に遊ぶ大人のファシリテーターをひとり、または数人選ぶこともします。

ダギー・センターでは、子どもたちが自分がどう遊ぶかを決め、大人は決められた通りに一緒に遊ぶのです。私たちは悲嘆から回復するためどうすべきかアドバイスする、子どもたちの悲嘆の「専門家」としてそこにいるわけではありません。私たちは一人ひとりの子どもこそが、その子が経験している悲嘆の専門家であり、何が必要なのか知っていると信じているからこそ、その子から学ぶ生徒としてその場にいるのです。

このようなプロセスを通して子どもたちは力づけられ、親の死という出来事を変えられなかったとしても、自分の人生をコントロールできるという感覚を取り戻していくのです。

私たちの人生には、良いものも悪いものも、自分ではコントロールできずまったくの偶然としか感じられない出来事があることは明らかです。だとしても、内的統制感ではなく、主に外的統制感に寄って立つことは「犠牲者」精神を生み出します。それは文字通りあなたを病気にします。

このことは何が起きたかではなく起きたことをどう理解したかに関する七つ目の質問につながります。

7　あなたは将来に対して、悲観的で希望を持てないと感じているか？

子ども時代の親との死別と、大人になってからの人生観という点を直接扱う研究は見つかりませんでした。しかし、私が行ったインタビューに参加したひとの大部分は、究極的には死別が自分を強くしたと感じており、将来には楽観的だと語っていました。また、たくさんのひとが喪失をどうやって前向きな考えや行動に変容させたのかということも語ってくれました。

このことはハワイのレジリエンス研究で明らかになったことと一致しています。この研究の結論は、「高いリスクを持ちながら大人になってから成功したひとの要因として可能性があるのは、人生には意味がある、困難は克服できると信じていることだった。また、自分の運命は自分の行動が決めるのだという強い信念である、内的統制感をより強く持っていた」というものでした。[15]

---

(15)　Werner, p. 177.

「絶望理論〔二二〕」の創始者が、なぜあるひとは逆境に置かれたときにレジリエンスがあり、あるひとはそうではないのかという疑問の答えを得ようとして、この二つのグループの重大な違いを発見しました。

悲観的なひとたちは良くない人生の出来事を、世界そのもののあり方にまで拡大していました。そして根拠なく悪いことが続くと考え、起きた出来事に関して自分の何かが根本的に間違っていたのだと信じていました。

楽観的なひとたちは、良くない人生の出来事をたまたまそうなる状況だったのだと考えていました。そして悪い出来事が続くとか、その出来事が意味することが自分の責任や間違いだと信じたりはしていませんでした(16)。

あらためて言いますが、私たちがどう感じ、どう行動するのかは、私たちが自分に言い聞かせることと直接つながっている、という考え方をこれまでの文献は支持しています。もし私たちが悲観的な将来を思い描くのなら、私たちは自らそのような未来を作る可能性が高いのです。大切なのは、何が起こるかではありません。起きたことに対して、どうするのか、ということなのです。

それでは次に、あなたの人生を良くするために何ができるのかを見ていきましょう。

(16) L. Y. Abramson, G. I. Metalsky, and L. B. Alloy, "Hopelessness Depression: A Theory-Based Subtype of Depression," *Psychological Reviw* 96 (1989), pp. 358-72.

(二二) 絶望理論 (the "hopelessness" theory)。よく知られている心理学の実験に、抵抗不可能な形で繰り返し電気ショックを与えられた犬は、自力で脱出できる状況に置かれてもただじっとその痛みを耐えるようになるというものがある。抑うつの絶望理論ではこの実験に基づき、自分ではどうすることもできない苦境に繰り返しさらされることで無力感が高まり、ついには絶望し何の行動も取れなくなることでうつ病になると考えた。(M)

第８章

親の死に向き合うために、いまあなたにできること

三つの基本の行動

本章では、親の死に向き合い、回復を早め、人生をより良いものにするためにあなたが実行できる三つの行動について説明していきます。大胆なことを言っているのはわかっています。それでもこの三つの基本的な行動はどれも、精神的健康を最も良い状態に保つためには欠かせないものだと私は信じています。

もちろんこれをやったからといって、悲しみが「終わり」、いつでも幸せでいられるようになるわけでも、あらゆる人生の課題をすべて解決したことになるわけでもありません。それでも行動することで、あなたの生活はより豊かになり、意義あるものになるでしょう。

この次の章では、親の死に直接関連する問題に直面したときに役立つ十の「活動」について見ていきますが、まずは本章で、そういった活動の基礎となる行動について説明します。

以下の三つの行動は、椅子の三本の脚のように、どれも必要不可欠なものです。お互いに結びついており、等しく重要です。その三つの基本行動とはこのようなものです。

一、感情を感じ取り、表現する。
二、誰かと分かち合いをする。
三、あなたの物事を選び取る力を活用する／使ってみる／練習する／鍛える／使うことに慣れていく／身につける。

これからそれぞれの行動を説明します。そしてこれを親の死と、大人になったあなたのいまの生活にどうしたら適用できるか考えていきましょう。

一、感情を感じ取り、表現する。

私は消極的であることで、人生を無為に浪費してきました。誰にも愛情や思いやりを伝えることができなかったのです。これまで長い年月が過ぎたのに、父の死に向き合うためにはそれを妨げてきた壁を突き崩さないといけませんでした。そして私はついに、自分を抑え込んだり、隠したりしなくてもいいんだとわかりました。自分がどんな人間なのか、どうやって自分という人間ができたのかに正面から向き合い、その答えがなんであろうと受け入れられるようになりました。自分を受け入れること、そして感情を表現し手放すことだけが、ものを生み出し、ひとと対話する人間になる方法だったんです。

——デイヴィッド　四十三歳。十歳で父を亡くす

感情の役割

ほとんどの方が自分の感情になんらかの葛藤をお持ちではないでしょうか。私たちは感情を良し悪しで区別する文化に生きています。小学校から高校のあいだに感情的なウェルビーイング（一）やどう感情を扱ったら良いのかを教えられないまま、たいていのことは試行錯誤やまわりのひとの真似をして学ぶしかありませんでした。

私たちは感情をいつ、どのように表現するのが適切か、判断し評価する文化に暮らしています。例えば、男の子は泣くものではないと言われ、泣いたりしたら「弱虫」とみなされます。女の子が怒ると、強情で女らしくないと言われるかもしれません。

悲嘆の場合は、感情には少しばかりの猶予が与えられています。ですが、それでも父親を亡くした男の子は「これからは君が一家の主だ」と言われ続けたりします。また女の子が母親を亡くし、特にそれが年長の子どもの場合には、「もうお母さんがいないのだから、これからはあなたがちゃんとお父さんやきょうだいの面倒を見るんだよ」などと言い聞かされ続けるので

す。

このようなことを子どもに言うと、年齢に見合わない大人の役割を引き受けるように過度のプレッシャーをかけたり、感情をあらわすことを躊躇《ためら》わせることになってしまいます。このような言いつけは、子どもたちに感情を内に秘めておくようにさせるのです。

心地良い感情を扱うことは基本的にそれほど難しいことではありませんが、それでもなかには喜びや幸せ、興奮を感じたり表現することを難しく感じる方もいます。ですから怒りや恐怖、うつといった「悪い」ものとみなされやすい感情は、特に色々な困難につながりやすいのです。より痛みをともなうこれらの感情を扱うとき、私たちは感情を回避したり、否定するような対処方法を取りがちです。他にも仕事に没頭して何も感じないようにしたり、長時間テレビを観たり、強迫的に買い物や飲食をしたり、とにかくスケジュールを詰め込んで常に忙しくしたりするのです。

（一）一般的に「身体的な機能や構造に問題がないこと」を健康と言うが、ウェルビーイング（well-being）はより広い概念でただ問題がないだけでなく「良好な状態にあること」を言う。ここでは感情が機能的に問題がなく、かつ喜びや楽しさのようにポジティブな感情だけでなく、悲しみや苦しみのようなネガティブな感情も十分に感じ取られ、自分にとって大切なものとして体験され、そこにさまざまな意味が見いだされている状態であることを指す。（M）

ところが、感情というものは、頑固な厄介者です。求める承認が得られるまではどこにも行かず、ただ地中に身を潜めるだけです。そして感情を無視するためにどれほど工夫をしても、私たちが注意を向けるまでけっして諦めないのです。

ここであなたに質問です。あなたは自分の感情をどのように扱っているでしょうか？

そもそも感情とは何のためにあるか？

感情は私たちのウェルビーイングに多くの重要な役割を果たしています。何か異常があったときには、感情が警報を鳴らしてくれます。それ以外にも、感情があることで私たちは心躍る喜びから、押しつぶされるような絶望まで、人間としての豊かな経験を完全に享受できるようになるのです。

わたしは、感情とは魂から送られてくるメッセージなのだと理解するようにしています。魂は、私たちが自分にちゃんと気づき注意を向けるようにするために感情を生じさせるのです。だからもし求める注意が得られなければ、感情はただ静かに去ったりはしません。

こんな例を考えてみてください。脚の骨が折れたのに、あなたはその痛みを無視して、治療を拒んでいるとします。骨そのものは自然に治癒するかもしれませんが、適切な形に治るとは限りません。もしあなたが足の骨が折れたまま歩いたり走ったりしたら、傷を悪化させてしまうかもしれません。痛みを無視したところで、骨折したという事実が変わるわけでも、消えてなくなるわけでもありません。

感情についても同じです。無視しても、感情は癒やされません。感情を抑制すれば、その押し殺された感情は私たちの内側に留まり、結局はなんらかの症状として現れてくるのです。

少し症状の例を挙げると、身体症状では頭痛、睡眠障害、摂食障害、腰痛などが考えられます。感情面の症状では抑うつ、無力感、無価値感、絶望などです。さらにひととの関係に関する症状では見捨てられることへの恐怖、愛情表現の困難、性的関係の困難、ひとに対する執着や親密な関係になることの拒絶が挙げられます。

子どもの頃に親を亡くした何人もの大人たちにインタビューしているうちに、それまでにどんな人間関係を築いてきたのかという観点から、彼らを三つのグループに分けられることに気づきました。およそ三分の一の方が、「親しくなったひとが死んだり、疎遠になったり、自分を捨てたりするかもしれない」という理由で、ひとと親しくすることが怖いと語っていました。二つ目のグループも同じく三分の一の方で、たとえ体調が悪くてもひとにいい顔をして関係をつなぎとめようとする「おひとよし」だと自分のことを考えていました。最後に残った三分の一の方だけが、友人や恋人とバランスの取れた健全な関係を作れたと考えていたのです。

もちろん一般の方でも同じような割合になるのかもしれません。ですが、少しあなたにも考えていただきたいのです。あなたは三つのグループのどれに当てはまるでしょうか？　そして、自分の感情を感じたり、表現できないということは、そのことにどう関係しているでしょうか？

　もうひとつ大切な質問があります。私たちの感情はどこからやってくるでしょうか？　あなたがこの質問にどう答えるのかはとても大切です。答え方によって、あなたが自分の人生という車の運転席に座っているのか、それとも後部座席に座っているのかが決まるからです。

　感情が自律的な生理的反応として働くこともあります。例えばもし、いまこの瞬間、部屋に誰かが入ってきてあなたに銃を向けたとします。そのときはあなたはきっと恐怖を感じることでしょう。同時に、恐怖を裏付けるような思考も浮かぶことでしょう。「危険だ。これはまずい。怖い。生き延びるにはどうしたらいいだろう」。はじめは自動的に生じる生理的反応だったものが、あなたが自分に言って聞かせた言葉によってさらなる裏付けを得るのです。私たちは思考が感情に及ぼす影響力をあまりに軽く見てはいないでしょうか。私の経験から、もうひとつの例を挙げましょう。

　ある夜のことです。真夜中も近くになってから、私は借りていたレンタカーを返そうと、ポートランドの中心街に向かっていました。到着したとき店はすでに閉まっており、ドアの案内板には鍵は返却口に入れるよう書かれていました。鍵はそのまま返したものの、車を借りたときに自分の車をどこに停めたかは確認しないままでした。駐車場は真っ暗で、わたしはひとりきりでした。車を見つけるまでに危険な目にあうかもしれないとわかってはいましたが、レンタカーの鍵はもうありません。するとこんな考えが浮びました。「これってまさにひとが襲われて怪我する状況だ！」。そして、全身が警戒状態に切り替わると、私は真っ暗な駐車場を歩きながら、自分の車を探し始めました。すると突然、男がトラックの陰から飛び出し、私に向かって突進してきたのです。私はすでに危険な状況が起こりうることに気づいていたため、そのまま叫びながら走り、通りへ逃げることができました。

このとき私が感じた恐怖は、最初は状況に対する反応として反射的に生じたものです。おそらく恐怖とは、自分を守るために生得的に備わった反応なのでしょう。ところが、安全を確保して、先程の出来事がもはや危険ではない状況になってからもこの恐怖は消えませんでした。このときに私が感じていた恐怖（そして安心）は、私が自分に語りかけていた言葉から生じていたものだったのです。「危なかった。あんなことすべきじゃなかった。もしかしたら殺されていたかもしれない。ひとを傷つけようとするひとがいるなんて、なんとひどい世界だろう」。こうした考えや感情は、私が経験した出来事に対して感じて当然のことと思います。

でも、私がもう少し違う見方をしていたらどうだったでしょうか。「外に出るのは危ない。世の中のひとは全員私のことを狙っているんだ」。私の経験やそのことについて自分自身に言い聞かせたことが、私をいつまでも恐怖に縛り付けていたらどうなっていたでしょうか？

私が強調したいのは、感情は重要な情報を私たちに伝えてくれるとても大切な指標で、つらい感情でも健康的な目的のために働いているということです。感情が私たちの注目を得ようとするのは、とても良い目的のためなのです。

感情を「良い」ものと「悪い」ものに分けようとすると、「悪い」感情は親しむよりも避けるのが自然なことになってしまいます。ですから悪いものと見なすのではなく、感情にしっかりと向き合い、受け入れ、「あなたが私に伝えたいのはどんなこと？ あなたから何を学べるだろうか？」と尋ねてみるほうが、その感情を役立てることができるのです。

感情にはすぐに消え去ってしまうものもあれば、私たちの心のなかに住みつくものもあります。誰でも、心の内側にいつも怒りが煮えたぎっているひとを知っているのではないでしょうか。不安や抑うつに囚われてしまったひとに出会うこともあります。つまり、向き合うことを避けると、その感情は私たちを乗っ取り、私たちを囚われの身にしてしまうのです。

感情を表に出ないよう心の内側に留めておくためには膨大なエネルギーが必要です。そのエネルギーにはもっと良い使い道があるはずです。私たちは自分自身を自由にする鍵を手にしていることに気づかないまま、感情を避けようと一生懸命になっているのです。その鍵とは、選択することです。

トラウマ的な出来事のあとでは、私たちの心も身体も、そして感情もなんとか私たち自身を守ろうとします。このような防衛の仕組みは、私たちがこうした出来事を乗り越え生きていくためには欠かせないものです。

ところが、そのような防衛の仕組みがいつまでも機能し続けてしまうことがあります。まるで夜を警戒する見張りのように、それ以上傷つくことがないよう私たちをいつまでも警戒状態にさせるのです。もはやその感情に守ってもらう必要がなくなったときでさえ、身体に染みついた自動的な反応となるのです。そのとき、私たちはその状態から抜け出せず、感情に振り回されるままになります。本当は感情を受け入れ、大切なお客さんのように歓迎し、その物語に耳を傾け、もう少し長く留まってもらうか、それともお帰りいただくか決められるようにしたいのに。

あなたの心のなかにも、あまりに長く留まったままになっている感情はあるでしょうか？これまでに、あなたが感情をコントロールするのではなく、感情があなたをコントロールしていると感じたことはないでしょうか？　あなたも感情が語る物語に耳を澄ませる必要があるのではないでしょうか。そうすれば、あなたはその感情にもう少し留まってもらうか、別の気持ちに変わってもらうか、それとも対立的にならず友好的なままお帰りいただくのかを決められるようになります。

感情を受け入れたり表現することで、あらゆる人生の困難を魔法のように解決できると言いたいわけではありません。思い出してください。心を三本足の椅子に例えると、感情を感じ表現することはその脚の一本に過ぎません。それでも、感情を受け入れず、表現しないことは身体的にも心理的にも、ひととの関係においても大きな代償を支払うことにつながると私は信じています。

私が気持ちを感じたり、感情を表現することについて話すとき、そこに「反芻」は含めていません。反芻とは、変化や進展がないまま、あることにいつまでも焦点を当て続けるということです。ここで少し反芻について考えておきましょう。というのも、感情表現の役割については、心理学界のなかでは重大な論争があるからです。一方には、感じたら表現する、という「制限なし」に表現する立場があります。もう一方にはあまりに注目しすぎると感情は力を増し、かえっていつまでも残り、私たちを病的なパターンに閉じ込めてしまうという立場があります。

私はこの両者のあいだに、バランスの取れた健康的な立場があると思います。自分もひとも傷つけずに感情を表現し、明晰さと動きを保ち感情に囚われないようにする。そんな調和の取れた立場です。

反芻（rumination）という言葉は、「喉」を意味するラテン語の“rumen”という単語に由来します。現代アメリカ英語での二番目の意味は、「食べ戻しを嚙むこと。何度も何度も繰り返し考えること」です。食べ戻しを嚙むことは、蹄と角を持つ哺乳類（反芻動物と呼ばれています）のすることです。牛、羊、ヤギなどはまずはじめに、四つある胃袋のうち、第一胃袋に食べたものを溜めます。そして部分的に消化された食べ物（食べ戻し）を口に吐き戻すと、今度は完全に嚙むのです。彼らの食べたものは、文字通りに喉につかえるのです。

感情について話すとき、私は感情の反芻、つまり部分的に消化された感情的な食べ戻しをいつまでもかみ続けること、を推奨しているわけではありません。私が話しているのは、心を込めて感情を受け入れ、耳を傾け、表現し、どれくらいのエネルギーをそこに費やすか決めるということです。

何が反芻に当たるのか、具体的な時間の長さや、スケジュールといった基準を示すことはできません。私に言えるのは、いまのあなたが幸せであれば、そのままでいてくださいということだけです。逆に、幸せや充実などどんな言葉でも構いませんが、あなたがもっとこうありたいと思う自分を表現する言葉があるのなら、どこかに感情的に行き詰まっているところがないか考えてみてください。

もうひとつ、むやみに感情表現することが治療的だと言いたいわけではないということもお伝えしておきたいと思います。いつまでも考えなしに、なんでも表現することは、物事を悪化させてしまいます。私は結果など気にせず、誰にでも、どんなひとにでも感情をさらけ出せと言っているわけではないのです。敏感になっているときに、誰かを支える準備の整っていないひとにあなたの感情を表現しても逆効果です。こうしたことは特定のひととの治療的な関係や、コミュニティのなかで行うのがいちばんです。その相手は、友だちや親族、自助グループまたは専門的なカウンセラーが良いでしょう。

ここでいくつか試していただきたいことがあります。特にもしあなたがこれまで自分の感情と距離を取ってきた方であれば、ぜひお試しください。まずは、これまで感情を閉じ込めてきたドアの鍵を開け、しばらくのあいだその感情を感じ取り、経験することを自分に許してあげてください。次に、そこに閉じ込められていた感情がどんな感情だったのか明らかにしてください。あなたはどんな感情を感じているでしょうか？　三つ目は、生きることを肯定して、あなた自身の助けになるような感情の表現方法を見つけてください。これはいささか気後れのする課題かもしれません。ドアを開け放つのが怖いのは、内側に閉じ込められていたものが自分に扱えるものかどうかわからないからなのかもしれません。いちど水門を開けてしまうと、もう二度と閉じることはできないと心配されているのかもしれません。もしひとりでこうしたことに取り組むことに気後れするのであれば、あなたの心の旅を支えてくれるカウンセラーを探してみてはいかがでしょうか。

そもそもいったいなぜ感情を表現しなくてはならないのでしょうか？　これは心理学者や精神的健康に関心を持つ研究者にとってとても興味を惹かれるテーマです。この分野の第一人者のひとりであるジェームズ・ペネベイカー（James Pennebaker）の画期的な著書『オープニングアップ――秘密の告白と心身の健康（*Opening Up: The Healing Power of Expressing Emotions*）』[1]は、さまざまな研究を例に取りながら、自己開示と感情表現が私たちの心身の健康にいかに良いものか、興味深くかつ説得力を持って示しています。

免疫の活性化や血圧の低下、それ以外の身体に対するさまざまな良い効果など、この本で取り上げられた研究は感情表現をするひとには、そうしないひととはっきりとした違いがあることを示しています。その他にも、苦痛やトラウマをともなう出来事を誰にも話さないままでいることは、「トラウマから受けた健康への悪影響をさらに悪化させる」[2]と結論づける研究もあります。

すでに見てきたように、親と死別した子どもは抑うつ、不安、健康問題、自尊心の低下、学

（1）　J. Pennebaker, *Opening Up: The Healing Power of Expressing Emotions* (New York: Guilford Press, 1990).

（2）　K. Petrie, R. Booth, and K. Davison, "Repression, Disclosure, and Immune Function: Recent Findings and Methodological Issues," in *Emotion, Disclosure, and Health*, J. Pennebaker, ed. (Washington, D.C.: American Psychological Association, 1995), p. 224.

業不振、外的統制感、そして将来への悲観を経験しやすい傾向があります。研究は、こうした症状が大人になってからどれくらい持ち越されるのかについては、はっきりとした結論を出していません。それでもこれまで私がインタビューしてきた方たちは、自分が少なくともこのうちのどれかひとつ、なかにはすべてに当てはまっていると考えていました。

私は感情をどう扱うのか、つまり感情を感じ表現するかどうかが影響するのは、あなたの心身の健康だけではないと思っています。感情表現をするかどうかは、こういった症状のすべてに関わる、あなたが世界をどう見るのかということに、とても強く影響すると信じているのです。

次の行動についてお話しする前に、喪失のあとに共通して経験されるいくつかの感情に触れておきたいと思います。自分を理解するために、何か少しでも役立つことはないでしょうか。ただ覚えておいてください。これから見ていく感情は、どれひとつとして「悪い」ものではないのです。もし、主導権を握るのがあなたではなく、感情になってしまったときに、問題につながることがあったとしてもです。これから見ていく感情にはそれぞれ、メッセージがあります。感情にはあなたに教えたいことがあるのです。

まずは抑うつから始めましょう。これはおそらく、子どもの頃に親を亡くしたひとがもっともよく経験する感情です。一つひとつの感情を検討したら、次にその感情にどう対処すればよいかを見ていきます。感情はまず、あなたが耳を傾け、存在することを認め、そしてしっかりと感じ取ることを求めています。

抑うつ

慢性うつ病や抑うつの経験、躁うつ病がいかに深刻な影響をもたらすかを軽く見ることはできません。これは命を脅かす深刻な問題です。ただ、私は抑うつの原因やその治療について、より広い観点から理解すべきだと思っています。抑うつとは、身体の病い（disease）であるだけでなく、私たちの魂から安らぎを奪う（dis-ease）ものでもあるからです。

抑うつには生物学的な側面があるということは、これまでも詳細に記述されてきました。抑うつ状態にあるひとの脳内物質や免疫システムは、健康なひとのものとは異なる状態になっています。この意味では、うつ病は白血病やがん、気管支炎や糖尿病といった身体疾患と同じように捉えられるかもしれません。症状の重さによっては薬物療法にも十分な根拠があるかもしれません。あらゆる病いと同じように、生活習慣やライフスタイルによっては回復の助けにも邪魔にもなるでしょう。

抑うつは体内の化学物質の状態を変えるために薬物療法が必要となることがあります。『ようこそ鬱へ――知られざるそのパワー（*The Secret Strength of Depression*）』の著者のフレデリック・F・フラック（Frederic F. Flach）は、こう書いています。「多くの患者にとって、抗うつ薬は抑うつからの回復を促進するものです。でも私には抗うつ薬が、レジリエンスを高める薬のように見えます。つまり、抗うつ薬はうつの原因となる生化学的なズレを生物学的な成分でどうにかして埋め合わせます。そして、残りの仕事はすべて呼び覚まされたレジリエンスに任せてしまうのです」[3]。このようにうつ病を理解すると、遺伝性の抑うつになりやすいひともいることがよくわかります。家族の歴史や遺伝によっては、乳がんや失明、アルコール依存症、その他多くの疾患やある種の身体的状態になる危険性が高いのと同じです。

ですが、私はある種の抑うつは薬物によって管理しなくてはならない「病気」ではなく、「安らぎを奪う」症状であるとも信じています。この症状に関しては、自分の思考と行動を変えること、つまり選び取る力を発揮することで緩和することができます。そのためには通常必要、または少なくとも役に立つのは、セラピーです。もし放置すると、このタイプのうつ病は再発の原因となり、脳内化学物質の分泌や気分、そして私たちの世界を観る目を本当に変えてしまいます。

ある特定のひとのうつ病がどこまで身体的なもので、どこからが心理的なものなのかということは、完全な医学的・心理学的な検査でしか見分けることはできません。

薬物療法はうつ病のひとがバランスの取れた状態を取り戻す助けになりますが、薬への依存には良くない面もあります。薬物はあまりにもすばやく苦痛を覆い隠すため、抑うつに働きかけそれを変えていく私たちの能力やモチベーションを弱めてしまうことがあります。もし糖尿病の方が薬を飲みながら、病気を悪化させる食事を続けたとしたら、薬は逆効果になってしまいます。薬物療法に頼りすぎると、身体的なものではなくとも、心理的な薬物への依存を強めてしまいます。うつ病やその治療に関する理解や非依存性の薬の製造の発展にも関わらず、アメリカでは二十世紀のうちにうつ病の発病率が十倍にもなったということをここで触れておくべきでしょう。

でも、うつ病に関する「良いニュース」もあります。一つ目は、うつ病も究極的には建設的なものになりうるということです。うつ病はそのひとにとって何かがおかしくなっていると知らせる警報になって、その状況を変えるために行動するよう働きかけるのです。だから、うつ病をどんなことをしてでも避けるべき嫌なものではなく、大切なことを伝えてくれるメッセージとして考えることができればと思うのです。そうすれば私たちはきっと、症状だけを治療してうつ病がどこかに消え去るよう願うのではなくて、うつ病の原因となった問題やその発症に

(3)　Frederic F. Flach, *Resilience: The Power to Bounce Back When the Going Gets Tough* (New York: Hatherleigh Press, 1997), p. 109.

関わった要因にもっと良い形で取り組むことができるはずです。

私がお世話になっている知性あふれるセラピストのリンダ・フリッツ博士からかつて、「うつ病とは形のないインスピレーションのようなものだ」と聞いたことがあります。長年うつ病に苦しんだ私は、その頃ただそれを取り除きたいと思うようになっていました。私は走って逃げても、避けても、感覚を麻痺させても、うつ病を追い払ったりはできないことに気づいていませんでした。私はリンダの言葉を聞き、はじめてうつ病には学ぶべき何かがある、それは魂からのメッセージなのだと思いました。うつ病は、私たちには助けが必要だと教えてくれる警報なのです。

二つ目の「良いニュース」は少し複雑かもしれません。研究者によれば、うつ病になっているひとたちはそうでないひとに比べ、現実をより正確に見ているそうです。つまり、良いことも悪いことも、起きた出来事をより正確に記憶していて、物事を実際よりも見栄えのするものに作り変えてしまう一般的な傾向とは異なっているということです。

ポジティブ心理学者のマーティン・セリグマンは、「現実主義はうつ病と併存するだけではなく、タバコが肺がんのリスクになるのと同じように、うつ病のリスク要因になっている」[4]という考えを示しています。これのいったいどこが「良いニュース」なのでしょう。この点については のちの章でより詳しく説明しますが、これは出来事ではなく、意味と選択こそが人生を決めるという考えの正しさを強調するものだと思います。つまり、どんな出来事が起こるかよりも、起きた出来事にどんな意味を与え、何を選択するかが私たちの人生のあり方を決めるのです。このように考えることは、うつ病を経験したひとにとって現実的な救いになります。物事は実際、あなたが考えているのと同じくらい悪いのですから。あなたがおかしくなったわけではありません！

このことが三つ目にして、うつ病に関する最も「良いニュース」につながります。それは、力のあるセラピストの助けを借りれば、うつ病は治すことも、その泥沼から抜け出すこともできるということです。セラピーが必要不可欠というわけではありませんが、さまざまな行動パターンと同じように、誰にも頼らずに自分を客観的に見るのは簡単なことではありません。

うつ病の主な症状は活力の低下、絶望感、そして抑うつを緩和する方法を考えられなくなるというものです。うつ病はまるで、自分が出した予言を自らの力で実現させることと同じように、うつ病であることによってうつ状態がさらに悪化してしまうのです。

私たちは、文字通り、自分の考える通りの自分になることができます。薬物療法が脳内化学

(4) M. Seligman, *What You Can Change . . . and What You Can't* (New York: Fawcett Columbine, 1993), p. 199.

物質のバランスや、より深い問題に取り組むためのエネルギーを取り戻す助けとなるかどうか、確実な保証があるわけではありません。しかし投薬治療のみ行うことは究極的には、うつ病の症状を扱うだけで、その根本的な原因を手付かずのままにしてしまうと思うのです。

ですから、もしうつ病があなたの人生に暗い影を落としているのなら、それをあなたを助けようとしている魂がもたらしたメッセージだと考えてみてください。そして力のあるセラピストを見つけ、うつ病から抜け出して、全力で生きる人生を取り戻す旅を始めましょう！

不安

早くに親を亡くした方が共通して経験する感情のひとつに、不安があるのは当然のことでしょう。若くしてひとと死に別れるという経験は、私たちの生きている現実がどのようなものなのか目を開かせる警告となります。悪いことも起こるし、世界は思っているよりも安全ではなく、人生はほんの一瞬で様変わりしてしまうということに気づかせてくれるのです。これはすべて事実ですが、不安を生じさせる可能性もあります。

いま問うべきは、もし不安を感じたなら、大人になってからの不安の強さはどの程度なのか、ということです。でも思い出してください。不安は「悪い」感情ではありません。大切な役割があるのです。

その上でもし、不安がある特定の状況下の危険性について警告を発するのではなくて、毎日の生活の基本的な感情になっているなら、あなたはもっと前向きなことに使えるはずのエネルギーを浪費してしまっているかもしれません。

怒り

怒りは、子どもの頃に親と死別するという不公正な状況に対して生じる、当たり前の感情です。いったいなぜ、あなたの親は亡くならなくてはならなかったのでしょうか。なぜ、それがあなたの身に起きなくてはならなかったのか。なぜ他のひとではなかったのか。親はあなたが働いて自立できるようになるまでともにあり、あなたを育て衣食を賄ってくれるはずでした。あなたを支え、育て、人生の困難や落とし穴にはまらなくて済むように導いてくれるはずだったのです。あなたの子どもの祖母祖父になるはずだったのです。

でも、そうはなりませんでした。だから、あなたには怒る「権利」があります。

一般的には、子どもが怒るとおかしな事態が起こります。大人は子どもに怒って欲しくありません。妥当な怒りとそうでないものをきちんと区別し、正当な怒りを認めて誰も傷つけずに建設的な方向に導くためには、いったいどうしたら良いか大人たちは知らないのです。多くの子どもが、まるで爆破準備の整った爆弾のような状態のまま歩き回っています。もし大人がその怒りを意味ある形で表現するよう助けることができれば、怒りは和らいでいくはずです。

親が亡くなったとき、あなたは親に対して怒りを感じたかもしれません。特に無謀な運転や喫煙、危険な薬物の使用が直接のきっかけとなった自殺のように、親自身の行動が死を引き起こしたと思われるような場合にはそう感じやすいでしょう。たとえ親自身になんの責任がない場合でも、あなたを遺して逝ってしまったという点に怒りを感じているのかもしれません。

また、あなたは遺された親にも怒りを感じているかもしれません。なぜこんな事態が起きないようにしなかったのか？　もしくはどうしてひとりは生きて、もうひとりは死んだのかということに怒っていたのかもしれません。

そしておそらく、神や運命に対しても怒りを感じていたのではないでしょうか。私たちの信仰体系が、このような怒りを感じていることを認め、表現することの妨げとなる場合もあります。なぜなら、そのようなことをすれば、神の全能を信じられなかったと見なされるかもしれないからです。キリスト教でもユダヤ教でも、イスラム教でも、西洋の宗教でも東洋の宗教でも、もしあなたの信仰に人生で起こるすべての出来事は神の意志なのだという教えがあったのなら、このような怒りを感じたり表現しないよう求められているかもしれません。結局のところ、「神を疑うとは、あなたは何者か？」ということなのです[三]。

あなたはあなた自身に対しても怒りを感じていたかもしれません。なぜ、自分は親の死を防げなかったのか？　もっといい子どもだったら。もっとがんばっていたら。こんなに不満を言わなかったら、こんなことにはならなかったのかもしれない、と。

　あらゆるひとに、あらゆることに心底怒っていたという方もいるかもしれません。あまりにも不公平な境遇に置かれて、怒りの淵から抜け出せなくなってしまった。そして大人になったいまでもその怒りを抱えたままでいる。そんなこともありえるでしょうか？

無力感

子どものころ、あなたは食べ物や衣服、交通手段、その他にも生きていくために必要なものを親に与えてもらっていました。もしその頃のあなたの家庭が安心できる安全な環境だったなら、子どもらしい「魔術的思考」で、自分には嫌なことなどひとつも起こらないと思い込んでいたことでしょう。親もあなたを守るつもりでした。ところが親が亡くなったとき、あなたはまったく別の現実へと放り込まれてしまったのです。あなたは親の死を防ぐにはまったくの無

（二）『新約聖書』「ローマの信徒への手紙」第九章二十節の「人よ、神に口答えするとは、あなたは何者か。造られた物が造った者に、「どうしてわたしをこのように造ったのか」と言えるでしょうか。」への言及（共同訳聖書実行委員会・日本聖書協会『聖書——新共同訳』日本聖書協会、一九八七・一九八八年）。（M）

力でした。

子どもの頃に味わった無力感は大人になってからも消えず、それ以外のことにも侵食して、打ちひしがれるほどの無力感をあなたに味わわせたかもしれません。心当たりはありますか？ 自分が成長する機会を犠牲にしてまで、誰かの世話や手助けに過度に頼っている自分に気づいたことはないでしょうか？

罪悪感

親の死を防ぐために、あなたにできることは何かあったでしょうか？　こうしておけばよかった、と思うことはありますか？

子どもが親の自殺から受ける影響をテーマにした私の博士論文で、六歳から十六歳までの子どもに、あなたの親の自殺を防ぐために自分に何かできることがあったと思ったことがあるか尋ねたことがあります。すべての子が、何かしら考えたことがある、と答えました。自殺を防ぐため、自分にはできることやすべきことがあったと話したのです。その内容は、実際に可能だったこともあれば実行が難しそうなこと、そして実際には不可能だったことまで様々でした。

両親が離婚した十二歳のジュリーは、「もしあの夏、私がお父さんと一緒に暮らしていたら、きっとお父さんの命を救えたはずです」と語りました。十六歳のラシャンダは、「私がもっといい娘だったら父のことを救えたんじゃないかと思います。父は私のことをすごく心配していたので」とつぶやきました。十四歳のクリストファーはこう語りました。「僕はお父さんをモンタナ州に行けないようにしなくちゃいけなかったんです。航空券を全部買い占めて、飛行機に乗れないようにするとか。もしあそこに行かなければ、お父さんはまだ生きていたはずです」。

自分が親の死に関わったと信じている子どもは、自殺の場合に限りません。これまで、とてもたくさんの子どもが、自分のしたことやできなかったことが、なんらかの意味で親の死を引き起こしたと語るのを耳にしてきました。ある女の子は、交通事故が母親の命を奪ったその日の朝、お母さんのお気に入りのスカーフを借りて学校に行きました。その子はお母さんの言いつけを無視してそんなことをしたから、お母さんは死んだのだと信じ込んでいました。また別の十代の男の子は、父親が心臓発作で亡くなったのは、自分が父親が望んでいたアスリートや学者になれなかったのが原因だと信じていました。このように自分のしたことや、無視してやらなかったことが親の死になんらかの形で関係していると信じるのは珍しいことではないのです。

親の死に関して、異なる理由による罪悪感があると語る子どもも少なくありません。例えば、親が亡くなったその瞬間、自分がどこで何をしていたのかということです。十歳の頃、父親が亡くなったときに映画館にいたというある女性は、それから三十年が経っても映画館には行けないと話してくれました。また、四十年前に母親を殺された男性は、いまも母親が亡くなった瞬間に自分が遊園地で遊んでいたことに罪悪感があると言います。そして遊園地やパレード、お祭りに嫌悪感があるだけでなく、パーティーや集会のようなたくさんのひとが集まって楽しんでいる場をいまでもうまく楽しめないそうです。

あなたも未解決のままになっている罪悪感の塊を、いまでも背負い続けてはいないでしょうか？

非難

私たちの生きている時代は、ちょっとした不運や事故、名誉を傷つけられたり、ひとが亡くなったとき、誰かまたはどこかの会社に責任があると感じたら、実際に責任があるかどうかに関わらず加害したものに対して訴訟を起こすことがごく当たり前になっています。それだけでなく、何か大切なものを喪失したとき、誰かを非難するのもごく普通の反応です。例えば、何か不公平な出来事が起きて、誰かにその責任があるということになったとします。実際にこれが正しいかどうかに関わらず、少なくとも子どもは誰かに責任があるのだと信じるのです。

ときには、実際に非難すべきひとがいることもあります。あなたの親が飲酒運転による事故の犠牲者だったり、殺されたり、無謀な行為や危険な行為の結果として亡くなったのなら、あなたには自分の感情をぶつけるべきひとがいることになります。医療者も非難の対象になることがあります。適切なタイミングで診断できなかった。手術が失敗に終わった。それから治療中の家族が人間扱いされなかったような場合です。

他にも親自身の行為を責めることもできるかもしれません。糖尿病だったにも関わらず、必要な治療を受けなかった。または、お父さんが危険な運転をしたのかもしれません。もうひとつ、よく非難の対象となるのが宗教的な神です。特に神がすべての生命を慈しむ愛情深い存在だと教えられている場合、このような行動がよく見られます。特に同じ信仰を共有するひとからぞんざいな扱いを受けたり、型通りの気持ちの通わない慰めを受けたようなときには、信仰が激しく揺らぐことになるのではないでしょうか。

それからもちろん、自分自身のことも非難したかもしれません。何かもっと違うことをしていたら、きっと結末は違っていたのではないか。または心のより深いところでは、親が亡くなったのは自分が十分良い子どもではなかったからと信じているからなのかもしれません。

このような非難の気持ちは、大人になったいまでもあなたにつきまとっているでしょうか？

安堵

通常、安堵は重荷や不安から開放されたときに生じる「肯定的」感情だと考えられています。

テストに合格すると私たちは安堵します。がんの疑いが根拠のないものだったとわかれば安心するでしょう。ところが、苦しんだり強い苦痛に喘いでいたのでもなければ、誰かが亡くなったときに安堵の気持ちを表現するのは簡単なことではありません。

私がこれまでダギー・センターで一緒に活動してきた子どものなかには、親が亡くなったとき、自分がどんなふうに安堵したか、ときには喜びさえあったということをひとに明かすのが怖いという子もいました。十五歳のミゲルは、ある晩に集まったグループでこう語りました。「こんなこと言うべきじゃないのはわかっています。でも、お母さんが死んで、僕は基本的に良かったと思っています。お母さんは困ったひとで、僕の人生をめちゃくちゃにしていました。本当はお母さんが死んでほっとしています」。

あなたも親が亡くなって安心したかもしれません。もしかするとあなたの親は虐待をしたり、ほとんど家にいなかったり、薬物依存だったのかもしれません。私は死について語るときに「最愛のひとの死」という言い回しをできるだけ使わないようにしています。それは亡くなった親のことを、このような言い方で表現するのは難しいという方もいることを学んだからです（逆に「最悪なひとの死」という言い回しはまったく耳慣れないものですが、こちらのほうがより真実を言い表していると感じる子どももいます）。

だからといって、虐待されなかったら安堵してはいけないわけではありません。死はやっと訪れた身体や心の痛みからの解放だったのかもしれません。または、痛みに苦しむ親の姿を見る苦しみから開放されたから、あなたはほっとしたのかもしれません。長期間にわたる闘病生活を続けていた親が亡くなった方は、人生がずっと宙吊りになっていたように感じていたのです。そして亡くなってはじめて、自分の人生を生きる力を取り戻したように感じたのです。

麻痺

感覚が麻痺したり、なんの感情もわかなくなることは死別を経験したときにごく普通に起こることです。現実を実感するまで、いくらか時間が必要なこともあります。死別後には、誰もがやらなくてはならないことでいっぱいになり、時間が突風のように慌ただしく過ぎていく時期があります。そのときには、課せられた責任を果たすために感情をどこかに追いやるしかないこともあれば、自らそうすることを選ぶこともあります。心の最も奥深くにあるものを守るために、しばらくのあいだ感情を麻痺させて何も感じない防護壁を作っているのです。

四十歳のダミアンは、父親の死を振り返りながら、「十歳で父親が亡くなったあと、私はあらゆることに対して遮断状態になっていたと思います。まるで、もうひとと別れる痛みは味わいたくないから、ひとと関わったり、知り合いになったりするのは止めよう、という状態でした」と語りました。彼はその後、三十年近くにわたってこの麻痺と遮断状態が続いたそうです。

あなたもこのように、感情のあちこちが麻痺したりはしていないでしょうか？　その麻痺はあなたに気づいてもらうことを待っているのです。

心の奥深くに埋められていたり、わずか皮一枚を隔てた内側でふつふつと沸き立っている感情にひとたび触れたら、次に取り組むべきはその感情を表現することです。もし、どうやって感情表現をしたら良いのか、どうしたら安全にそれができるのかわからずに、恐れや心配を抱えている方がいたら、ぜひあなたの支えとなるセラピストや自助グループを見つけてください。また、もしひとに助けを求めることに関して自分がスティグマを持っていることに気づいたら、このことも覚えておいてください。スティグマはあなたを守る、もうひとつの方法なのかもしれないのです。

それから良いセラピストは、あなたに評価も強制もしません。あなたの旅の支えです。専門的支援は必ずしも必要だというわけではありませんが、精神的健康を最大限高めていくには、感情に気づいたあとには、それを誰かと分かち合うことが必要です。

この点について一緒に確認していきましょう。

二、ひとと分かち合う

パット・コンロイ（Pat Conroy）[三]の小説をもとにした映画『サウス・キャロライナ 愛と追憶の彼方（The Prince of Tides）』で、バーブラ・ストライサンド演じる精神科医がきょうだいを亡くした男性にカウンセリングをする場面があります。ニック・ノルティが演じるその男が「何を話したって彼は帰ってこない」と言うのですが、精神科医は「そうね。でも、話せばあなた自身を取り戻すことができる」と応えます。もし、あなたにも自分自身を取り戻すことのできる場所があるのなら、ぜひその場所を探求していただきたいのです。

あなたが自分の物語を安全に分かち合うことのできる相手を見つけるためには、これからお話しすることが役に立つと思います。父を亡くしてから私が経験したことや、これまでお話を伺ってきた何百人もの方の話を踏まえると、聞き手は三種類に分かれるようです。ひとの話に耳を傾けたくないひと、耳を傾けて聞きたいと思っているけれどそれができないひと、そして耳を傾けたいと思っていて実際にそれをするひとです。

あなたの話など聞きたくないと思っているひとを変えようとして、時間を無駄にしないでください。聞こうという気持ちがありながらもそれができないひとには、思いやりの気持ちを忘

（三）パット・コンロイ（Pat Conroy, 1945-2016）は、アメリカの小説家。『サウス・キャロライナ——愛と追憶の彼方』の原作小説は、『潮流の王者』として一九八八年に早川書房より刊行。（M）

れないでいてください。その方自身も何か死に関する課題を抱えていて、あなたのために何かをするのが難しいのかもしれません。もしくは、ひとの話に耳を傾ける技術があまりなく、事態を改善したり、あなたの気分を少しでも明るくしようとしたのかもしれません。

悲嘆を経験しているひとたちが、自分にいちばん必要だと語るのは、評価せずただ話に耳を傾け、お願いされない限り何をすべきか指図したりしないひとです。だから、あなたもいまは、ひとに話の聴き方を教えるようなときではないのです。あなたの感情的なエネルギーは、あなたの話を聴く気持ちがあり、それができる方のために大切にとっておきましょう。

もし、そのようなひとをひとりも見つけられなかったら、資格を持つ専門的なカウンセラーやセラピストを探してみてはいかがでしょうか。話を聞いてくれるひとが見つからずに気を病むよりは、専門家にお金を払うほうがずっとましです（死や死にゆくこと、そして死別に関して優れたセラピストを見つけるときは、「死の準備教育とカウンセリング協会」（the Association of Death Education and Counselling）(四)に連絡するか、お住まいの地域の病院やホスピスに連絡してみてください。それから悲嘆を経験しているひとのためのサポートグループに参加しても良いかもしれません。ただ、私の知る範囲では子どもの頃に親を亡くしたひとのためのグループはないのですが）。

分かち合いがいかに心身の健康に良い影響をもたらすかには、たくさんの例があります。ひとつだけ例を挙げましょう。二百人以上が参加した、家族の死を含む子どもの頃のトラウマ的経験の研究があります。参加者の大人になってからのトラウマと身体的健康の状況についても調べました。すると、もっとも健康状態の悪いひとには、誰にも話したことのない、子どもの頃のトラウマが少なくともひとつ見つかりました。それからがん、高血圧、潰瘍、インフルエンザ、頭痛、耳痛の発症率が平均より高いことがわかりました。トラウマ経験の種類、つまり家族の死なのか、性的虐待なのか、身体的虐待なのかは重要ではないようでした。共通していたのは、トラウマを誰とも分かち合っていないということだったのです。研究者たちは「誰にも明かされていない早期児童期のトラウマは、大人になってからの健康に悪影響をもたらす」と結論づけています[5]。感情はただ感じるだけでは十分ではないのです。私たちには話を聞いて欲しい、理解して欲しいという生まれついての欲求が備わっているのでしょう。

精神的健康を最大化するための三つめの行動、つまり椅子の三本目の脚は、おそらく三つのなかでもいちばん理解されていないものです。この行動の力を自らのものとし、自分自身の人

（5） Pennebaker, pp. 19, 20.

（四） 死への準備教育とカウンセリング協会（The Association for Death Education and Counseling: ADEC）とは、死の準備教育や、死にゆくことや死別に関連する支援活動を行うアメリカの団体。一九七六年にアメリカで設立された。（M）

生に責任を負うと覚悟するひとこそ、可能性を最大限に発揮して生きる道を十全に歩んでいくことができます。だから、どう生きていくか自分で決める力を使うことを真剣に考えてみてください。

三、自分の選ぶ力を使ってみる

私たちの経験する問題の多くは、現実から乖離した基本的信念から生じています。その信念とは、人生は公平であるべきだ、というものです。これが間違いだということを示す事実はいくらでもありますが、ここでは四つだけ例を挙げましょう。

・世界にはすべてのひとが食べられるだけの食料があるにも関わらず、何百万人もの子どもたちが十分な食べ物がないために亡くなっている。
・アメリカの刑務所には、人口比率上はありえないほどアフリカ系男性が収容されているにも関わらず、詐欺や横領といった「ホワイトカラー犯罪」を犯したヨーロッパ系の男性が大手を振って歩いている。
・およそ五％前後のアメリカの子どもが、十八歳になるよりも前に親のひとりを亡くしている。

・地球に住むすべてのひとが、同じ運命を共有しています。私たちは全員、いつか死ぬのです。なんと公平なことでしょうか？

人生がいかにつまらないものなのかということばかり考えていると（これが「人生は公平であるべき」症候群です）、物事をより良い方向に変えるのをためらったり、世界をより良い場所に変える仕事に、袖をまくって取り掛かることができなくなってしまいます。別に不公正なことやトラウマ的出来事を悔やんだり、怒ったり、悲しく感じるべきではないと言っているわけではありません。私が言いたいのは感じていることを感じ、それを表現し、分かち合うべきで、完全に生きることを妨げるものに囚われるべきではないということなのです。

それから、私はこれら五つの言葉を信じています。

1　人生は公平ではない。
2　自分がどう感じるのかは、一〇〇％自分に責任がある。
3　これまで自分が行ってきた選択の責任は自分にある。
4　自分の身に何が起こるのかをすべて決めることはできないが、起きたことをどう受け取るのかは自分で決められる。

5　前向きに生きるかどうかは自分で決められるし、自分の経験を成長の糧にすることができる。

子どもの頃に親を亡くすことは、トラウマ的であると同時に成長にもつながりうる出来事だと私は信じています。そして、いまどのような状況に置かれていたとしても、ひとりの大人として、あなたにはそのトラウマを変えていくことができると私は信じています。

でもどうやって？　あなたにはそうすることを選ぶことができます。あなたは被害者になることも、勝者になることもできます。あなたの手札に不利なカードが何枚も積み重なっていることは間違いはありません。私はあなたが傷ついていないとも、親の死によって何も変わらなかったと言いたいわけではありません。でも私は、あなたは子どもの頃にトラウマを経験せず順調に歩んできたひとにはない力を、これまで発達させてきたと信じています。

あなたにはその力がどんなものか、わかるでしょうか？　それはひとへのより強い思いやりの気持ちかもしれません。それとも親を失ったにも関わらずこれまで成し遂げてきたことから得た、自分には障害を乗り越える力があるという深い自信かもしれません。人生が儚く、予測不可能なことを知って、家族とより深くつながることができるようになったということかもしれません。

親を自分の人生から失ったにも関わらず、あるいはだからこそ、あなたが何を学び、どんな人物に成長したのか、ここで少し考えてみてください。

幸せなひとでいることを選ぼう

幸せな大人の特徴を調べたさまざまな研究から、一貫して四つの共通する特徴が見つかったと報告されています。[6]性別も社会的地位も、収入、年齢、人種、人生で経験した出来事もこれには関係していませんでした。

これからその四つの特徴について読み進めていくときには、親を亡くした子どもだったあなたは、そうでないひとに比べてより低い自尊心、内的ではなく外的統制感、そして将来に対してより悲観的になりやすいということを忘れないでください。

幸せな大人の特徴は以下のようなものでした。

1　肯定的自尊心がある。

（6）　D. Myers, "Hope and Happiness," in *The Science of Optimism and Hope*, J. Gillman, ed. (Philadelphia: Templeton Foundation Press, 2000), p. 329.

2　人生に対して楽観的である。

3　自分で物事をコントロールできると感じている。

4　社交的傾向がある。

良い知らせがあります。幸せなひとたちは、自らそうあることを選んでいるのです。私も実際、こんなに単純なことなんだと信じるようになりました（逆に、不幸なひとは、不幸であることを選んでいるということなのです）。

いったいどちらが先なのか疑問に思うのは当然でしょう。つまり、ひとはこういった特徴を持っているから幸せなのか、それともこういった特徴がひとを幸せにするのでしょうか？　答えはおそらく、この二つを組み合わせたものになります。もしあなたが内向的な性格なら、社交的になりたくないし、そもそも無理なことかもしれません。でも、あなたは自分に自信を持ったり、自分で物事をちゃんとコントロールできていると感じたり、人生に楽観的になってみることを選ぶことはできるのです。

幸福に関する研究に、イリノイ大学のエド・ディーナーとペンシルベニア大学のマーティン・セリグマンが行ったものがあります。二十二人のとても幸せな大学生（さまざまな幸福感の調査を行ってトップ一〇％の得点を記録した学生たち）と、六十人の平均的な幸福感の学生と、二十四人のとても不幸せな大学生を比較しています。もっとも幸せな学生は、より社交的で、ひとりで過ごす時間がより短く、家族や友人、パートナーとより強い結びつきを持っていました(7)。

あなたはどうしたら肯定的な自尊心を持ち、楽観的になり、物事を自分でコントロールしていると感じ、血のつながる家族とも血のつながりのない家族とも強い絆を持つことができるようになるでしょうか?

学ぶ方法はどんな物事でも同じです。練習し、繰り返し、そして強化していくのです。

自尊心について考えてみましょう。自尊心はいったいどこから生まれるのでしょうか? 私は自尊心とは、子どもから青年期にかけて自分の良いところもそうでないところも含めて自分を受け入れ、愛することで育んでいく(もしくは育むのを失敗する)ものだと考えています。私たちはその過程でとてつもない困難に出会います。私たちの求めていることすべてには応じてくれない(応じることのできない)家族や友だち。私たちがけっして十分に痩せておらず、十分にお金もなく、十分に頭もよくなく、十分に見た目も良くないと言い続けるテレビやそれ以外のメディアたち。同じく不安で自信のない若者たちが作った基準に合わせなくてはならな

(7) E. Diener and M. Seligman, "Very Happy People," *Psychological Science* (January 2000), pp. 81-85.

いという同調圧力。少し例を挙げてもこれだけあります。

ところが大人になれば、ひとからどう見られているのかに関わらず、私たちは自分が普段行使しているよりも、遥かに多くの選択肢と力を身につけているのです。自尊心とは、結局、「自ら」を尊ぶ心、に過ぎません。自尊心は、理想の自分と現実の自分を一致させていくことで育っていくものだと私は信じています。両者のズレが大きくなるほど、自分を否定的に見るようになるのです。

それでは楽観主義についてはどうでしょう。楽天家と厭世家の違いはなんでしょうか？　厭世家は楽天家になることができるでしょうか？　もちろんです。そうなりたいと望めば、ですが。では、なぜあなたはそうなることを望まないのでしょうか？　未知を恐れる気持ちからなのかもしれません。そうでなければ、いったいなぜこんなにもたくさんのひとが不幸であることを選ぶのでしょうか？　それは不幸が彼らにとっては慣れしたしんだことだからです。幸せになろうとして、大失敗するのではないかと恐れているのです。残念なことに、こうしたひとたちは仲間を増やそうと、他のひとまで不幸にしようとします。そんなひとをあなたもご存じではないでしょうか？

『オプティミストはなぜ成功するか（*Learned of Optimism: How to Change Your Mind & Your Life*）[8]』の著者マーティン・セリグマンは、楽天家は失敗を一時的で、変更可能で、特定の状況だけのものと見なすが、厭世家は障害を恒久的で、変えようがなく、あらゆる物事へと広がっていくものとみなすと言っています。どのような態度を取るのかで、事態は大きく変わるのです。だから、どのようなことが起きるのかということよりも、起きた出来事についてあなたがどんなことを言うのかが結果を決めるのです。

ミシガン大学の心理学者、バーバラ・フレドリクソンの楽天的な思考スタイルに関する調査が明らかにしたのは、私たちの思考がいかに自己成就的なのかということです[9]。私たちがどのように世界を見るのかに従って、良い結果も悪い結果も導くことができるのです。そしてそのようにして作り出された結果が私たちの世界に対する見方をより強固にし、私たちは楽観主義または悲観主義のサイクルのなかに留まり続けるのです。

私たちは自分がどの程度結果に関与したのかということを認識しないまま、自分の選択と決断の結果の責任を誰かに負わせ非難し続けるのです（がっかりだとか失望したとパートナーを非難しながら、それでも付き合い続けるひとをご存じないでしょうか？　そのひとたちは自分に「私にはどうしてダメなひとしかいないのだろう？」と問いかけたりするでしょうか？　そ

（8）　M. Seligman, *Learned Optimism: How to Change Your Mind and Your Life* (New York: Pocket Books, 1998).
（9）　B. Fredrickson, "Rewarding Positive Psychology," *Family Therapy Networker* (September/October 2000), p. 20.

れから自分たちだけがいつもダメな関係ばかり続けているということに気づいているでしょうか?)。

なぜ悲観主義よりも楽観主義を選ぶべきなのでしょうか? そのほうが気分の良い生き方だということだけでなく、健康面の利益がいくつかあります。例えば、セリグマンによれば、悲観的なひとは二倍から八倍もうつ病になる危険性が高いのです。

もし楽観主義を信じるというのがあまりに単純だと思われるのなら、この例について考えてみてください。例えば、あなたには恋人がいるのですが、そのひとはもう関係を終わらせると決めているとします。生きていればいつかは経験するような出来事です。そのときあなたはこんなことを考えるのではないでしょうか。

・私はひどい人間だ。もしそうじゃなかったら愛されるし、一緒にいたいと思ってもらえるはずだ。
・なんてひどいやつだ。そうじゃなかったら一緒にいてくれるはずだ。
・自分なんて誰も愛してくれない。
・このひとを愛したようにはもう誰も愛せない。
・あのひとが別の誰かを愛しているなんて耐えられない。

これはどれひとつとして事実ではありません。どれも置かれた状況の解釈に過ぎないのです。ですから、こんなことも自分に言い聞かせることができます。

・物事がうまくいかなくて残念だ。でも関係がうまくいくようにできることはやった。
・ひとの感情や行動をコントロールすることはできない。一緒に居続けたいとは思うけど、それはふたりが力を合わせなければ無理だ。
・私は愛情のある人間だし、そう決めたらまた別のひとと充実した関係を作ることができる。
・私たちはどちらも完璧な人間ではなかった。私がすべきなのはこれから同じ間違いを繰り返さないように何ができるか学ぶことだ。
・この関係が終わって傷ついたし悲しいけれど、あのひとのしたことには何も感じさせられたりはしない。私は自分の感情と行動に責任がある。

どうしたら自分の人生を自分で舵を取り、楽観的になり、自尊心を持つことができるでしょうか？　これから五つ方法を紹介します。とても単純なことですが、自分で意識的に選ばなくてはならないことでもあります。

1　自分の人生のことは自分で選び、コントロールできるということを認め、受け入れ、信じてください。自分の心の会話に耳を澄まし、自分が自分に語っている否定的（または肯定的）なメッセージを知ってください。そしてそこで繰り返し語られているメッセージを変えることができると認めてください！

2　まわりに目を向けてください。落ち込んでいるとき、私たちは自分のことばかり考えてひとから孤立し、そのことで抑うつのサイクルを作り上げてしまうのです。そして自分のことをもっと嫌いになり、ひとと一緒にいることを避け、（当然のことながら）まわりのひとも本当に一緒にいるのが嫌になってしまうのです。だからひと助けのボランティアをするのが役に立つと思います。ホームレスになっている方たちのためのシェルターでも、ストリートチルドレンや薬物の影響を受けてしまった赤ちゃん、お年寄りのためのボランティアでも構いません。私たちは失うか、それが過去になるまで、そのものの大切さを認めることができないことがあります。ですから、存在しないものではなく、あなたが実際に持っている力や、幸運を見てください。

3　笑顔を作ってみてください。それはまわりのひとにも伝わります。「区別ができないからなのか、それとも機会を最大限に活かそうとしているのか、作り笑いであっても身体には本物の笑顔と同じ生理的反応が生じます。笑うことは少なくとも三種類の主だった筋肉群に作用して、顔の血流量を増やして頰を赤く染めるのです[10]」。笑っているひとのほうが、渋い顔やしかめ面をしているひとよりも幸せで親しみやすいと気づいたことはありませんか？　それは実際にその通りだからなのです。幸福はひとに伝わります。残念ながら、それは消極さも同じなのです。

4　笑いましょう。コメディアンのマイク・マイヤーズ（Mike Myers）の義母、リンダ・リッチマン（Linda Richman）[五]は、人生で数多くの喪失を経験し、その痛みを乗り越える方法やそのためにどうしたら良いのか知るために百三もの自己啓発セミナーに参加しました。そして学んだことを『こうなったら、笑うしかない……。（*I'd Rather Laugh*）[11]』という本にまとめています。いちばん大切なことは、「笑いとは、自分が選んでそうすることなので

(10)　V. Monroe, "When You're Smiling," O (May 2001), p. 184.

(11)　L. Richman, *I'd Rather Laugh: How to Be Happy Even When Life Has Other Plans for You* (New York: Warner Books, 2001).

（五）　リンダ・リッチマン（Linda Richman, 1942- ）は、アメリカの喜劇俳優。一九九〇年に二十九歳で事故死した息子のジョーダンへの想いを綴った *I'd rather laugh* は二〇〇二年に邦訳され、『リンダ・リッチマンのこうなったら、笑うしかない…。』（ヴォイス）として刊行された。また、幼少時に父親も亡くしている。（M）

す。私は人生を楽しむのだ、と自分で選択しなくてはならないのです」。笑うことには測定可能な健康面のメリットもいくつかあります。免疫細胞の数を増やし、免疫機構にあってウイルスと闘うT細胞を活性化させます。

5　ウィンストン・チャーチル（Winston Churchill）[六]は「絶対に、絶対に、絶対に諦めるな（“Never, never, never give up”）」と言いました。これがあなたの人生なのです。その人生を最大限に生きるか？　それは「あなたの」選択なのです。

次の章では、親の死がいまのあなたにどう影響しているのかを探索するために取り組むことのできる十個の実践的な活動を紹介していきます。

（六）ウィンストン・チャーチル（Winston Churchill, 1874-1965）は、イギリスの政治家、軍人、作家。この言葉は、一九四一年十月二十九日にロンドンにある公立学校ハロー校での演説で語られたもの。（M）

第9章

十の実用的な提案

父が亡くなったのは私が十歳のときでしたが、カウンセリングを受けたのはそれから二十年もあとのことでした。しかも相談したのは父のことではなく、その頃つきあっていた恋人のことでした。そして自分が、それまでどれほどひとを遠ざけてきたのか、いかにひとと深い関係を築けなくなっていたのかにやっと気づきました。それからゆっくりと時間をかけて人生を取り戻していきました。謎はまるで、セーターがほどけるように解けていきました。はみ出た一本の毛糸をほどいていくと、そこにあったはずのセーターはあっという間にどこかに消えてしまったのです。何人ものカウンセラー、友人たち、さまざまな講座。それまでとはまったく違うものたちに囲まれて何年も過ごしたあとで、私には父を亡くしたときには見えなかった世界が見えてきたのです。

――デイヴィッド　三十五歳

この章を読むときには、ここに書かれた提案は、あくまで提案に過ぎないということを忘れないでください。親の死を受け入れるために、いま何かをする必要のないひともいます。自分のそれまでしてきたことや、いまあなたのいるところに満足しているなら、それでいいのです。でも、もし、この章の提案に何か響くものがあれば、あなたも試すことを考えてみてください。明らかになったことや、それがどれほど役に立ったかということに驚くかもしれません。

私たちには、物事を理解し、その意味を理解したいという生まれつきの欲求があると私は信じています。私たちが何か未解決のままの課題を抱えているとき、それは暗い影に潜みながら、もっと明るいところに出てこようと機会を伺っています。未知のままになっていることには、私たちを傷つける力があるのです！　ですから以下の十個の提案を読むときには、自分にはどれが役立ちそうか見極めるようにしてください。

一、必要な情報を手に入れる

あなたは両親の死とその人生について、知りたいと思っていることすべてを知っていますか？　もしそうでなくとも、まだ遅くはありません。私たちは「知らない」がために行き詰まってしまうことがあります。これまで私が話してきた大人のなかには、事実を知ることを恐れたり、知り得たことをどう扱えばよいかわからないという方もいました。そういう方に私が勧めるのは、探索を支えてくれる親切な友だちや家族のリストを作ることです。もちろん、知りたくないひともいるでしょうし、それならそれで構いません。でも、もし知りたいと思っているのなら、試すことのできるいくつかの手順があります。例えば、こんな道のりをたどった方がいます。

一九四五年四月九日に四歳だったアン・ミックスの父、シドニー・ベネットは第二次世界大戦で命を落としました。この戦争では四十万六千人の父親が、推定十八万三千人の子どもを遺して亡くなりました。ほとんどの場合、どのように父親が亡くなったのかということすらわかりませんでした。

その頃はまだ、感情について話すことを勧めるひとはほとんどいませんでした。戦争が終わったあとの熱狂と、「未来に向かおう」とする勝利の雰囲気が国と遺族を包み込んでいたのです。

アンが戦争遺児を探し始めたのは、一九九〇年に四十九歳になってからのことでした。遺児の経験について執筆することで、自分自身の経験を理解しようとしたからです。アンは一九九一年にアメリカ第二次世界大戦遺児ネットワーク（The American WWII Orphans Network）を設立し、一九九八年にはスーザン・ジョンソン・ハドラー（Susan Johnson Hadler）との共著で『勝利の中の喪失――第二次世界大戦アメリカ遺児たちの回想（*Lost in Victory: Reflections of American War Orphans of World War II*）』を出版しました。ネットワークには父親を亡くした方が三千人以上登録されていて、軍や政府の記録、戦友、家族、友人たちから寄せられた父親に関する情報を手にすることができるようになっています。

ネットワークのウェブサイト（www.awon.org）には、いまや多くが五十代となった[一]第二次世界大戦の戦争遺児たちのためのガイドラインや、心の慰めとなる情報、戦争で父親を亡くしたひとたちの名簿など、多くの情報が掲載されています。

第二次世界大戦で親を亡くしておらず、ウェブサイトを作ったり本を書いたりすることに興味がなくとも、あなたの親の人生とその死について知るためにできるシンプルな方法があります。いちばんやりやすいのは、家族に知っていることや憶えていることを尋ねることでしょう。古い記憶を「掘り起こして」嫌な気持ちにさせるのではないかと不安に思わないでください。ほとんどのひとは気にかけてくれたことをうれしく思いますし、はじめは気が乗らなくても話しているうちに昨日のことのように記憶が溢れ出てくるはずです。もし話したくなかったとしても、それで良いのです。聞かなければ、それすらもわかりません。

数年前の六月、私は母に電話をして、姉のリン・セシリアのことを尋ねました。両親のはじめての子どもだった姉は、生まれてすぐに亡くなりました。そのとき、父は二十歳、母は十九歳でした。それから四十五年が過ぎたにも関わらず、私は家族がいちども姉のことに触れて来なかったことに気づきました。記憶にあったのは、母が毎年六月に落ち込むのは亡くなった赤

（一）　本書の原著が出版された二〇〇三年当時。（M）

ちゃんのことを思い出しているからだろうという、祖母の押し殺した声だけでした。

私たちはそのまま受話器を通して何時間も話し続けました。母はそれまで誰ひとりとして、赤ちゃんのことも、十九歳で最初の子どもを亡くしたことがどんな経験だったのか尋ねるひともいなかったと言いました。母は四十五年ものあいだ、恐怖やさまざまな感情を自分のなかだけに留めてきたのです。

それから二、三年後、四十年を迎える少し前に終わった両親の結婚について、母と話したことがあります。「結婚が終わったと思ったのはいつ？」と尋ねたとき、私はその答えにとても驚きました。母は涙ながらに、「赤ちゃんと別れたあとひとりで家に帰り、夫婦ではいちどもそのことについて話さなかったとき、私たちの結婚は終わり始めたと思う」と語ったのです。姉の死が私と二人の兄弟だけでなく、両親の関係にもそれほどまでに深く影響しているとは思いもよりませんでした。このときの電話で、母はずっと押し殺してきた感情を開放し、自分の経験をひとと分かち合ったのです。母にとっては自分の経験をひとに話すこと自体が癒やしであり、それは私たちのつながりも深めてくれました。

あなたの経験も同じように良いものになると保証することはできませんが、恐れやひとを守りたいという気持ちから、尋ねるのをやめたりはしないでください。たずねたあなただけでなく、話したひとをも癒やし、驚くような経験になるかもしれないからです。

あなたの親の生と死について知るもうひとつの方法は、親の友だちや仕事仲間に尋ねることです。私の五十五歳の知人は、彼女を出産するときに亡くなった母親のことをほとんど何も知りませんでした。母親の死後、父親はすぐに再婚し、継母は先妻の写真や遺品をすべて処分するように要求したのです。その知人は五十代になってはじめて、母親の友だちが何人かイングランドに住んでいることを突き止め、訪ねて行きました。何人かはもうすでに九十代になっていましたが、それまでに彼女が見たことのなかった母親の写真や、たくさんの思い出話でもてなしてくれたそうです。

いまはテクノロジーの洗練された時代ですから、ひとや情報を探し求める手段はインターネットを含めいくつもあります。私がこれまで話したひとのなかには、調査のために私立探偵のリストを作っていた人もいました。また、新聞の死亡通知や訃報を調べたり、適切な手続きをすれば警察の捜査報告書を手に入れることもできます。親の人生と死についてもっと知れば、慰めを得ることも、何も知らないままでいることを終わらせることもできるでしょう。

二、親との絆を保つ

一般に信じられていることとは正反対に、死は人間関係の終わりではありません。この生身の肉体でつながることができなくなったとしても、絆を継続させてゆく可能性まで奪われるわけではないのです。

死を嫌悪し否定する私たちの文化では、死を「乗り越え（get over it）」、「前に進み（move on）」、「忘れ去る（put it behind you）」ことが勧められます。しかし、ごく現実的な意味に限ったとしても、私たちの人生は亡くなったひとたちの影響に満ちています。私たちの細胞には、文字通り、亡くなったひとの記憶が刻み込まれているのです。それなのに亡くなったひとたちがもうどこにも存在しないかのようにドアを閉めなくてはいけないとか、それを望むべきだと言う必要があるのでしょうか？　たとえ、死は命の終わりだというのが私たちの社会の価値観であったとしても、死が記憶や夢までも消し去るわけではありません。

一般的に、子どもは本能的に亡くなった親とのつながりを保ち続けます。ダギー・センターのグループでは子どもたちがよくこうしたことを話してくれます。フィリス・シルバーマンとウィリアム・ウォーデンはハーバード大学の子どもの死別研究に基づく本で、このことについて書いています[1]。シルバーマンとニックマンは『継続する絆——新しいグリーフの理解(*Continuing Bonds: New Understanding of Grief*)[2]』という素晴らしい本の一章で、このことを詳しくかつ説得力ある形で論じています。

子どもたちが本能的に親との絆を保ち続ける方法を二つ紹介しましょう。あなたにも同じ経験があるかもしれません。どうしたら亡くなった親との絆を保っていくことができるか考えることは、大人のあなたにとってもきっと役に立つはずです。

親はどこかにいると考える

ハーバード大学の子どもの死別研究では、約七五%の子どもが親はいまもどこかに存在していると考えていました。その「どこか」を天国だと言う子どももいれば、どこか別の世界に生まれ変わり、痛みの消えた新しい命を喜び、幸せにしていると言う子どももいました。また、

(1) P. Silvernman, *Never Too Young to Know: Death in Children's Lives* (New York: Oxford Press, 2001).
(2) P. R. Silverman and S. L. Nickman, "Children's Construction of Their Dead Parent," In *Continuing Bonds: New Understanding of Grief*, D. Klass, P. R. Silverman, and S. L Nickman, eds. (Washington, D.C.: Tailor & Francis, 1996), pp. 73-86.

いつか自分も同じところへ行き、親と再会できると信じている子もいました。

もしあなたの価値観にこのような考え方を受け入れる余地があれば、想像や文章や夢のなかで親とのつながりを感じることができるかもしれません。

夢や象徴を通して親とつながる

ハーバード大学の死別研究に参加した子どもの八〇％以上が、亡くなった親に見られていると感じたり、見守ってくれていると感じる経験をしていました。

半分以上の子どもが、この経験を恐れていたことにも触れるべきでしょう。そういった子どもはたいてい、親が自分のいましていることを認めてくれないのではないかと不安に感じていました。とはいえ、子どもたちの多くは、おおむね星や虹などの肯定的な意味を持つ自然のシンボルと親を結びつけていました。

このような経験は子どもだけのものではありません。一ヶ月ほど前、私の父はペンシルバニアのある病院の集中治療室に入りました。約四週間にわたって病状が浮き沈みしたあとで、主治医は継母のベティに見込みは明るくないことを告げ、治療以外の選択肢を考えるよう勧めました。父にはもう昏睡状態から回復する可能性はほとんど残されていませんでした。肺は機能せず、心臓は傷つき、実質的には機械に生かされているだけだったのです。

いったいどうしたら良いのかと継母が悩み苦しんでいたある土曜日の朝、父と継母の住む家の裏手にあるテラスの手すりに、一羽の猩々紅冠鳥《しょうじょうこうかんちょう》が止まり、継母のことをじっと見つめると飛び去っていきました。鳥好きのふたりは、特にその真っ赤な鳥のことが大好きで、いつも「どうしてうちの餌やり器には〝幸せの青い鳥〟しか来ないのだろう」とよく冗談を言っていたほどでした。

　猩々紅冠鳥を直接目にしたのはそれがはじめてだった継母は、それが父を逝かせても良いと知らせるためにやって来た特別なメッセンジャーなのだと確信しました。そして月曜日になったら、主治医に父の苦しみを終わらせて欲しいと伝えようと決心したのです。

　その次の日の朝、父は亡くなりました。その日ははからずも母の日でした。私たちは父の死は、継母が難しい決断をしなくても良いようにする、別れの贈り物だったのだと信じています。それ以来、その赤い鳥を見るたびに必ず、父と彼の人生が私に与えてくれたものについて考えるようになりました。父が亡くなったとき、その真っ赤な鳥の小さな陶器の置物を買い、いまでも台所の窓際に飾っています。それは私と父のあいだにある、いまも続いている絆を象徴するものなのです。

　これまで、夢を通して亡き親との絆を保ち続けていると語る、多くの子どもや大人と話をしてきました。このような夢は、癒やしや気づき、成長の源です。夢のなかではいつもは批判的で管理ばかりする私たちのなかの「大人」が、催眠にでもかけられたかのように肩の力を抜くため、私たちは心の奥深いところにある希望や恐れにつながることができるのです。夢は恐ろしいものにも心の休まるものにもなりますが、私たちが耳を傾けようとすれば、いつでも私たちにメッセージを伝えてくれるのです。

三、追憶のための儀式や伝統を作る

儀式は、重要な出来事が起きたということを明確にしてくれるものです。多くのひとは、主だった祝日や誕生日、記念日にはなんらかの儀式に参加します。私たちはこうした儀式のために、自ら伝統を創ることもします。伝統（tradition）という言葉は、ラテン語の「委ねる（hand over）」、「手渡す（deliver）」、「託す（entrust）」を意味する言葉に由来します。伝統には祖先から受け継がれてきたものと、自分たちで創ったものの二つがあります。

死に関する儀礼については、アメリカの主流文化には少なからぬ課題があります。葬祭業界には長い歴史があるものの、死と別れの過程に子どもがしっかり関わるためには、やるべきことがまだまだたくさんあるのです。[3] 例えば、ひとが亡くなったあと数日から数週間は、友人からお花やカード、料理が届けられたりしますが、そのあとには何もありません。死を受け止めるということに関して、何をするかはほとんどそのひと次第になっているのです。

さまざまな文化の中には、メキシコの「死者の日」のようなお祭りの伝統を持つものがあります。死者の日には、骸骨や棺桶の形をしたケーキやキャンディーに亡くなったひとの名前を記して、そのひとたちのことを思い出し慰めを得ます。「この儀式では死者の魂たちに、忘れ去られていないことを伝え、愛する死者たちを手に触れられる象徴にすることで、生者の慰めとするのです」[4]。

ユダヤ教にはシヴァ(Shivah)という正式な服喪期間があり、その期間中にはカディッシュ(Kaddish)という死者のための祈りを唱えます。その方が亡くなってから一年間、それ以降は毎年の命日に、遺族がその祈りを唱えます。こうした儀式は、亡くなったひとのことを称え、記憶に留めるための正式な方法です。

私たちの多くはそういった文化的、宗教的な伝統を持っていないため、代わりのものを自分

---

(3) The Dougy Center, *What About the Kids? Understanding Their Needs in Funeral Planning and Services* (Portland, Oreg: The Dougy Center, 1999).

(4) L. A. DeSpelder and A. L. Strickland, *The Last Dance: Encountering Death and Dying* (Boston: McGraw Hill, 2002), p. 67.

自身で創り出さなければなりません。選択肢は非常に限られています。最も困難なのは、どのようなことをするのかではなく、何かすること自体を自分に許すことでしょう。あなたにも考えてもらうための提案をいくつか記しましたので、ぜひ自分なりの儀式を作ってみてください。

・もし親の葬儀に参加しなかったのなら（葬儀自体がなかったり、葬儀に関して嫌な思い出がある場合も含めます）、自分だけの葬儀をしてみてください。友人や家族と一緒にしてもいいでしょう。

・母の日や父の日、または親の誕生日に、カードを買うか作りましょう。カードにはいま伝えたいことや、機会があれば伝えたかったことを書いてみましょう。そして、そのひととともに過ごすことのできた時間を祝いましょう。今度の父の日は、私の父が亡くなってから最初の父の日です。このところ父の日を祝うカードや新聞の広告を目にするのがつらい時期が続きました。それでも、とにかくカードを選び、父に伝えたかったことを書き、継母にもそのことを話すと決めました。

・死は最後の別れではないということを意識して、お墓やその人が好きだった場所を訪れてみましょう。亡くなったひとに話しかけて、いま何があなたの人生に起きているかを伝えたり、亡くなったひとたちの誕生日を祝ってみましょう。

・写真を飾ってみましょう（話しかけるのを恐れないように）。
・何か記念の催しを開きましょう。私は父の日の晩に、友だちとロウソクを灯して涙や笑いとともに思い出を分かち合いました。

四、書き出す

悲しみは声に出せ。
語られぬ悲嘆は重く閉ざされた胸に籠って、裂けよの内命をささやく。
――ウィリアム・シェイクスピア『マクベス』（二）

研究によれば、ある種の書き物、とりわけ気持ちを表現するような文章や日記は精神的な健康に役立つことがわかっています。ある研究では、五十人の学生が過去のトラウマ体験について、毎日二十分、四日間続けて書くという実験をおこないました。半分の二十五人は自分が経

（二）大場建治編注訳『マクベス――対訳・注解 研究社シェイクスピア選集7』（研究社、二〇〇四年）より引用。（N）

験したトラウマ的な出来事に関する考えや気持ちについて書くように指示され、学生たちはレイプ、虐待、自殺未遂、死別やその他の喪失の経験について明らかにしました。残りの二十五人は表面的な事柄について書くように指示されました。すべての学生は実験の開始前、最後の執筆の直後、そして実験から六週間後の三回にわたって、血液検査をおこなうことに同意しました。

研究者は、学生から採血した血液サンプルから免疫を司る白血球の数を測定しました。白血球はバクテリアやウイルスの活動を抑制し対抗する免疫として機能します。わかったのは、「トラウマ経験に関する最も深い考えや気持ちについて書いたひとたちは、表面的な事柄について書いた人たちに比べ、免疫機能が向上することが証明された(5)」ということです。この結果は実験後六週間を過ぎてからも継続していました。さらにトラウマについて書いたひとたちはそうでない人たちに比べ、病院を受診する回数も低下していたのです。

その他の研究が明らかにしたところによれば、書く内容に関しては、自分の経験の描写、出来事に関連する気持ち、その気持ちについてどう思うか内省すること、これら三つを含むものが最も結果が良いということでした。ただ単に出来事を描写したり、気持ちについて書いたりするだけでは、その出来事が自分にとってどんな意味があるのかも含めて書いたときほど、癒やしの効果はありませんでした(6)。

また、表現することだけでなく、自分はひとりではないと感じ理解することも、治癒的であることが証明されています。ですから、書いたものを信頼できる友人や親類、サポートグループやセラピストと分かち合うのも良いかもしれません。

親への手紙も書いてみましょう。何を書くべきか、書き始める前に理解している必要はありません。ただ書き出してみましょう。出てきたものに驚くことがあるかもしれません。日記をつけるときに、糸口となる質問をいくつか用意してみました。

・あなたの親はいつ亡くなりましたか？
・そのときあなたは何歳でしたか？
・亡くなったと聞かされたときのことについて、何か覚えていることはありますか？（どこで、誰から、何を言われたか）
・学校に行く年齢になっていたら、学校へと戻ったときにどう感じましたか？
・誰にどのように助けられましたか？

（5） J. Pennebaker, *Opening Up: The Healing Power of Expressing Emotions* (New York: Guildford Press 1997), p. 36, 37.
（6） L. DeSalvo, *Writing as a Way of Healing: How Telling Our Stories Transforms Our Lives* (San Francisco: Harper, 1999),pp. 25, 26.

・助けにならないと感じた関わり方はありましたか？
・葬儀に参列したなら何をおぼえていますか？　そのなかに何か変えたいと感じることはありますか？
・葬儀に参列しなかったなら、いまそのことをどう感じていますか？
・親の死のあとで、あなたの人生はどのように変わりましたか？
・家族のなかで最も影響を受けたのは誰で、どのような変化がありましたか？
・もし親の死があなたを強くすることがあったのなら、あなたはどう変わりましたか？
・あなたの人間関係にはどんな影響がありましたか？
・親を亡くしていない子どもよりも大変だったことがあれば、それはどんなところですか？
・あなたと同じ年齢で親を亡くした子どもの親に何かアドバイスができるとしたら、あなたは何を伝えますか？
・あなたと同じ年齢で親を亡くした子どもがいたら、あなたはその子になんと声をかけますか？
・あなたの親がいまも生きていたら何歳ですか？　どんな関係になっていると思いますか？
・なぜあなたの親が亡くなったのか、いまはそこにどんな意味があると思いますか？

完璧な大著を書こうとして自分を縛らないようにしてください。とはいえ、死別を経験された多くの人々が、その経験を文章や本にすることで数え切れないほどの人々の助けとなっています。あなたの中にもそういう本や文章が眠っていませんか？

五、表現アート

「悲しみに言葉を（"give sorrow words"）」と言ったシェイクスピアは、物書きでした。ウィリアム・ワーズワース（William Wordsworth）も同じ物書きですが、彼は弟が溺死したときに取り乱し、四ヶ月ものあいだ言葉を話せなくなったといわれています。執筆を再開したとき、彼はこう書きました。「深い苦痛が私の魂を人間にした（A deep distress hath humanized my soul.）」。

悲しみに言葉を与えることは素晴らしいことです。でもそれ以外にも、絵を描いたり粘土をこねて何か記念のものを作ったり、長い散歩をしたり、サンドバッグを叩いたり、音楽やダンスを踊ったり、クレヨンで悲しみを絵にしてみるのも良いでしょう。

アートで何かを表現するなら、何かの講座を受講してもいいですし、とにかく袖をまくって自分のやりたいことから始めてみるのも良いでしょう。指に絵の具をつけて描く。陶酔的に踊る。色を塗る。死別する以前と以後、両方の家族の絵を描く。粘土を用意して、何ができるか、ただ手に任せてみるのもいいでしょう。

言葉では表現できない感情もあるのです。

六、思い出の品をまとめる

写真など、象徴的なものの力を過小評価しないでください。ダギー・センターでは子どもがサポートグループを卒業するときに、石探しに熱心だった創設者のベバリー・チャペルの考えたある儀式をしています。

まず、卒業していく子どもに、長い時間をかけて磨かれツルツルになったたくさんの石を見せて、その中から好きなものを三つ選んでもらいます。この美しく磨かれた石は、センターに参加し分かち合いをする中で生じた、癒やしを象徴しています。

そして次に、私たちからゴツゴツとして荒いままの石をひとつ手渡します。この四つ目の石は、まだその癒やしのプロセスがこれから先もずっと続いていくことを象徴しています。悲嘆には「ゴールライン（Grief Finish Line）」などないからです。

それから子どもたちとファシリテーターで輪になって座り、この四つの石を順番に回しながら、様々な思い出や願い事、そして物語などを、卒業する子に伝えます。そして石は小さくて柔らかい、口紐のついたポーチに入れ、最後の贈り物として渡します。これまでにたくさんの子どもたちが、親の遺品と一緒にそれを大事にとっておくと私たちに教えてくれました。

もしあなたが思い出の品を収める箱や思い出を綴るノートを持っていなければ、ひとつ作ってみてください。そこに遺品を入れたり、思い出を蘇らせてくれるものを集めて収めることができます。写真を入れてもいいでしょう。思い出の掲示板を作ることもできます。組み立て式の机を買って、そこに、思い出の絵を描いたり、写真を貼り付けてニスを塗るのはどうでしょうか。ホームセンターで記念用の大皿や陶器を買うこともできます。雑誌の切り抜きでコラージュをしてみてください。可能性はいくらでもあります。

日記を書いてみたければ手作りするのも、買ってくるのもいいでしょう。日記には手紙や写真、カードを貼り付けたり、自分で文章を書いたりすることもできます。こうして思い出をまとめれば、なによりの癒やしになることでしょう。

七、何か良いことを形にする

私は感情を抑制することは心身の健康を損なうと信じています。ですから、これまでは感情表現することの力をとても強調してきました。しかし、どんな感情を感じ、その強さはどれくらいなのかはみな同じではありません。なかには、腕まくりをして何か行動することを求めている方もいるのではないでしょうか。

・亡くなった親の名前で資金を募り、支援団体に寄付する（飲酒運転に反対する母の会や、糖尿病、がんの会などがあります）。
・組織を立ち上げる。
・地域の団体で親の名前を冠した基金を立ち上げる。
・サポートグループを作る。
・ウェブサイトを作る。
・本を書く。

アメリカの非営利団体の多くは、ある家族の経験をきっかけに設立されたものです。たとえいちどに支援できる対象がひとりだけだとしても、あなたの親の人生を偲び、その死を通して世界をより良いものにする方法はないでしょうか。

八、ボランティアをする

ボランティアをすることはとても癒やしになります。適切なボランティアをしているなら、与えるよりも得るもののほうが多いことをご存じでしょう。ボランティアをすること自体が癒やしとなりますが、そこに個人的な想いを込めると、その力はよりいっそう強くなります。もしあなたの親が、がんや白血病、多発性硬化症などの病気で亡くなったのならば、その病気の関係する地域の支援団体に、何かできることがないかたずねてみてください。もしあなたの親が誰かに殺されたり、あるいは自殺をしたのなら、その防止や支援のために働いている素晴らしい団体がたくさんあります。ほとんどの非営利団体は、事務作業や庭仕事、イベントの運営や資金集め、委員の育成などにボランティアが参加しているので、喜んであなたにもそうした機会を見つけてくれるでしょう。

九、セルフケアをする

死別から何年経っていても、悲嘆のプロセスは、感情的にも身体的にも疲れるものです。急激なストレスを経験しているときや、経験したあとには免疫が低下し、ウイルスや風邪、バクテリアに負けやすくなります。ですから、意識的に自分をいたわることが大切です。よくご存じだとは思いますが、健康的な食事をして、たくさんの水を飲み、週に少なくとも三回は散歩や水泳、自転車などの好きなスポーツを三十分くらいしましょう。

ですが他にももっとできることがあります。何もしないでください。休んでくつろぎましょう！　体を休めると免疫が活性化します。ハーバード大学メディカルスクールに心身医学センターを設立したハーバート・ベンソン（Herbert Benson）は、筋肉の緊張緩和や心拍数の低下、より効率的な酸素の活用や、脳のアルファ波を増やすためのテクニックとして、瞑想、ヨガ、祈りなどを提案しています。他にも、リラックスすることが、慢性的な痛みや肥満、上気道感染症、喘息などの病気に良い効果があることを示す研究があります。

配偶者を自殺や交通事故で亡くしたひとたちの調査では、亡くなったひとのために祈るひとは、そうでないひとに比べ、より健康的であることがわかりました。事実、死について友人や家族と話していたひとたちと同じくらい健康だったのです。心理学者のジェームズ・ペネベイカーはこうしたことを表して、「なぜこれが真実と言えるのかは簡単です。祈りは一種の告白や打ち明け話なのだから(7)」と述べています。

十、自分の物語の意味を見つける

究極的には、親の死と、その人生に対する影響を受け入れるために、最も大切なことのひとつは、喪失から肯定的かつ希望にあふれた意味を紡ぎ出すことだと私は信じています。

意味を見つけるとは、どういうことでしょうか？　死別を経験したほとんどすべての子どもと大人が「どうして私に、こんなことが起きたのか？」と問いかけます。

（7）Pennebaker, p. 24.

あなたも答えを探すなかで、自分はさまざまなものを乗り越えていまここにたどり着いたのだと、自分自身を肯定できるようになることを心から願っています。

＊　＊　＊

あなたのご意見やご提案をお待ちしています。

Donna Schuurman
The Dougy Center
P.O. Box 86852
Portland, OR, U.S.A. 97286

donna@dougy.org

付　録

研究の限界——研究成果について読むときに、何を信じて良いか知る方法

研究から導き出された結論の多くは、まるでそれが真実かのように提示されます。しかし、研究成果が何を意味するものなのか解釈したり、その価値を評価するためにはさまざまな点をきちんと検討しなくてはなりません。

一〇〇%完璧で、完全に正しい死別を経験した子どもの研究を私たちが得ることは絶対にありません。なぜなら、そのためには非常にたくさんの死別を経験した子どもの出生前から死亡時までを研究しなくてはならないからです。そのような研究は経費も嵩む上に、非現実的でもあります。「息が臭くとも、息が止まっているよりはマシ」(Bad breath is better than no breath)と言うように、不完全な研究だとしてもまったくなんの研究もないよりは良いでしょう。

大切なのは、どのように研究を評価すれば良いのかを見極めること。そして、研究の限界を考慮し、過度な一般化を行うことへの批判的な目を持つことです。

ここで研究に関する一般的な限界を十二だけ紹介します。

一、ひとりの子どものみを対象とした研究

悲嘆を経験したひとりの子どもに対する研究は興味深い事例の研究となるかもしれません。でもだからといって、ひとりの子どもの経験に基づいて、すべての悲嘆を経験した子どもに関して仮説を立てることはできません。

二、対照群のない研究

死別を経験した子どもたちの研究は興味深いものです。しかし、その子どもたちとできるだけ多くの共通点を持っている、死別を経験しない子どもたちとの比較を行わなければ、死別を経験した子どもについてあなたが何かを発見したとしても、それが死別が原因なのかどうかはわかりません。

三、サンプルサイズの小さな研究

サンプルサイズ（研究対象の人数）が小さいと、グループ間に差異が存在するかどうかの確認や、グループ間に何らかの差異が見つかったときに意味のあるものなのかどうか確認しにくくなります。つまり、対照群があったとしても、各グループに五人の子どもしかいなければ、何か意味のあるものを見出すために十分なサンプルサイズとは言えないということです。

四、ある一時点の研究

死別から一年後など、あるひとつの時点での子どもの経験に基づく研究から得られるのは、役立つが限界もある情報です。こうした「非継時的」研究、つまりある一定期間にわたる継続的調査を行わないものは、歳を重ねるにつれ、子どもの何がどのように変化するのかを理解する助けにはなりません。

五、自己報告式の研究

信頼のおける研究者は、当然ながら自己報告の正確性には慎重です。ダギー・センターでも、死別にどう対処しているかについて、子どもが話すことと、親の話すことがまったく違うということがよくあります。どちらの報告も主観的なものなので、科学的に検証することはできません。

六、集団の特徴の記述を行う研究

たくさんの興味深い研究が、悲嘆を抱えた子どもという集団の特徴を記述しています。ただし、こうした記述はそれがそのまま何かの原因となるわけではありません。ダギー・センターにやってくる親の多くが、自分の子どもがいまそうしているように振る舞うのが、父親が亡くなったことが原因なのか、それともティーンだからなのかと尋ねます。私の答えは「誰にもわからない」です。いずれにせよ、その行動を心配に感じるならば、対処しなくてはなりません。とはいえ、このような絡み合った行動を完全に解きほぐして、ひとつのことだけを取り出して見ることができるとは思えません。

七、特別な集団を対象とした研究

これまでにある特別な集団を対象とした研究（大抵は対照群を設けていません）が行われてきました。その集団とは例えば、支援グループに参加している子ども、居住型の治療施設に入居しているひと、なんらかの病院、ニューヨーク市などです。このような特別な集団を対象としてわかった知見は、他の異なる集団に一般化することはできません。

八、後ろ向き研究

最も一般的な研究のひとつが後ろ向き研究です。こうした研究では、子どもの頃に死別を経験した大人たちに、過去の自分の経験を振り返ってもらいます。自己報告が抱えるやっかいな問題に加えて、後ろ向き研究からは物事の原因を見出しえないという問題があります。それは例えば、あなたが離婚を七回して、それが父親の死と愛着に対する恐怖が関係していると感じたとしても、そのことを科学的に証明することはできないということです。

九、事後に行う研究

これは人間を対象としたすべての研究に共通する困難な問題です。つまり、親が余命の限られた病いの診断を受けるか、実際に亡くなりでもしなければ、私たちにどの子どもが親を亡くすか正確に予測することはできません。そのため、ほとんどの研究は必然的に事後的に行われるものとなります。死別を経験した子どもの集団を研究対象としても、子どもたちが死別以前にどんな状態だったのか比較することはできません。そのため、個人の（または集団の）死別前後の変化を測定する質の高い測定方法は存在しないのです。

十、信頼性に欠けた測定方法

アンケートを作るのは楽しいことですが、しっかりとした根拠を持つ測定法を作るためには、内的および外的妥当性と信頼性を厳密にテストしなければなりません。しかし、このテーマはいい、確実に、ここでの議論の射程外でしょう。もし本当に興味があれば、統計に関する本を読んでください。ここでは、学位請求論文のために作られたクイズは、その話題に新たな光をもたらしたとしても、あまり科学的に多くのことを示すことはできないと言っておけば十分だと思います。

十一、死別からの経過時間の違いの統制

ほとんどの研究では、死別してから経過した時間の長さは統制も報告もされていません。そのため、死別からの経過時間によって悲嘆に違いがあるかどうかを知ることができません。例えば、死別から六ヶ月後では子どもたちが元気にしているように見えたとしても、二年後にはひどい状態になっているかもしれません。しかし研究で死別からの経過時間が報告されていなかったり、私たち自身が経過時間を調査結果に織り込むようにしなければ、このことに関する情報を収集することができません。

十二、単一のデータ収集方法のみを用いる

しっかりした研究では、たったひとつの検査器具しか使わないというようなことはありません。子どもだけでなく、親やそれ以外にも子どもの人生に関わったひとのことも調べるほうが良いでしょう。コストも時間も増えますが、その研究のデータから導き出された仮説であれば、どのようなものでもより信頼できるものとすることができます。

参考文献

Abramson, L. Y., G. I. Metalsky, and L.B. Alloy. "Hopelessness Depression: A Theory-Based Subtype of Depression." *Psychological Review* (1989).

Adam, K., A. Bouckoms, and D. Streiner. "Parental Loss and Family Stability in Attempted Suicide." *Archives of General Psychiatry* (1982).

Barnes, G., and H. Prosen. "Parental Death and Depression." *Journal of Abnormal Psychology* (1985).

Black, D. "Sundered Families: The Effect of Loss of a Parent." *Adoption and Fostering* (1984).

Bowlby, J. *Attachment and Loss, vol. 3, Loss, Sadness, and Depression*. New York: Basic Books (1980).

Butler, K. "The Anatomy of Resilience." *Family Therapy Net-Worker* (March/April 1997), p. 27.

Crook, T. and J. Elliot. "Parental Death During Childhood and Adult Depression: A Critical Review of the Literature." *Psychological Bulletin* (1980).

DeSalvo, L. *Writing as a Way of Healing: How telling Our Stories Transforms Our Lives*. San Francisco Harper, 1999.

DeSpelder, L. A. and A. L. Strickland. *The Last Dance: Encountering Death and Dying*. Boston: McGraw Hill, 2002.

Diener, E., and M. Seligman. "Very Happy People." *Psychological Science* (January 2002), pp. 81-84.

The Dougy Center. *What About the Kids? Understanding Their Needs in Funeral Planning and Services*. Portland, Oreg.: The Dougy Center, 1999.

Flach, F. Resilience: *The Power to Bounce Back When the Going Gets Tough*. New York: Hatherleigh Press, 1997.

Fredrickson, B. "Rewarding Positive Psychology." *Family Therapy Networker* (September/October 2000).

Garmezy, N. "Resilience in Children's Adaptation to Negative Life Events and Stressed Environments." *Pediatric Annals* 20, no. 9 (1991). pp. 459-66.

Hallstrom, T. "The Relationship of Childhood SocioEconomic Factors and Early Parental Loss to Major Depression in Adult Life." *Acta Psychiatrica Scandinavica* (1987).

Hollis,J. *The Middle Passage: From Misery to Meaning in Midlife*. Toronto: Inner City Books, 1993.

Horowitz, M. J., C. Marmar, D. S. Weiss, K. DeWitt, and R.Rosenbaum. "Brief Psychotherapy of Bereavement Reactions." *Archives of General Psychiatry* 41 (1984), pp. 438-48.

Kubler-Ross, E. *On Death and Dying*. New York: Macmillan, 1969.

Lloyd, C. "Life Events and Depressive Disorder Reviewed: Events as Predisposing Factors." *Arch General Psychiatry* (1980).

Lutzke, J. R., T. S. Ayers, I. N. Sandler, and A. Barr. "Risks and Interventions for the Parentally Bereaved Child" In *Handbook of Children's Coping: Linking Theory and Intervention*. Edited by Wolchik and I. N. Sandler. New York: Plenum Press, 1997.

McCubbin, H. I., M. A. McCubbin, A. I. Thompson, S. Han, and C. T. Allen. "Families Under Stress: What Makes Them Resilient." *Journal of Family and Consumer Sciences* (1997).

Middleton, W., B. Raphael, N. Martinek, and V Misso."Pathological Grief Reactions." In *Handbook of Bereavement: Theory, Research and Intervention*. Edited by M. Stroebe, W. Stroebe, and R. O. Hansson. New York: Cambridge University Press, 1993.

Mireault, G. C., and L. A. Bond. "Parental Death in Childhood: Perceived Vulnerability, and Adult Depression and Anxiety." *American Journal of Orthopsychiatry* (1992).

Monroe, V. "When You're Smiling." *O* (May 2001): p. 184.

Myers, D. "Hope and Happiness." In *The Science of Optimism and Hope*. Edited by J. Gilman. Philadelphia: Templeton Foundation Press, 2000.

Pennebaker, J. *Opening Up: The Healing Power of Expressing Emotions*. New York: Guilford Press, 1997.

Petrie, K., R. Booth, and K. Davison. "Repression, Disclosure, and Immune Function: Recent Findings and Methodological Issues." In *Emotion, Disclosure and Health*. Edited by J. Pennebaker. Washington, D.C.: American Psychological Association, 1995.

Pynoos, R. S. "Grief and Trauma in Children and Adolescents." *Bereavement Care* (1992).

Richman, L. *I'd Rather Laugh: How to Be Happy Even When Life Has Other Plans for You*. New York: Warner Books, 2001.

Satir, V. *Peoplemaking*. Palo Alto: Science and Behavior Books,1972.

Seligman, M. *Learned Optimism: How to Change Your Mind and Your Life*. New York: Simon & Schuster, 1998.

Seligman, M. *What You Can Change . . . and What You Can't*. New York: Fawcett Columbine, 1993.

Shneidman, E. *The Suicidal Mind*. Oxford: Oxford University Press, 1996.

Shneidman, E. *Suicide as Psychache*. Northvale, N. J.: Jason Aronson, 1993.

Silverman, P. *Never Too Young to Know: Death in Children's Lives*. New York: Oxford Press, 2000.

Silverman, P. R., and S. L. Nickman. "Children's Construction of Their Dead Parent." In *Continuing Bonds: New Understandings of Grief*. Edited by D. Klass, P. R. Silverman, and S. L. Nickman. Washington, D.C.: Taylor & Francis, 1996.

Styron, W., *Darkness Visible: A Memoir of Madness*. New York:Random House, 1990.

Werner, E. E., and R. S. Smith. *Overcoming the Odds: High Risk Children from Birth to Adulthood*. New York: Cornell University Press, 1992.

Wolin, S. J., and W. S. Wolin. *The Resilient Self: How Survivors of Troubled Families Rise Above Adversity*. New York: Villard, 1993.

Worden, J. W. *Children and Grief: When a Parent Dies*. New York: The Guilford Press, 1996.

Worden, J. W. *Grief Counseling and Grief Therapy: A Handbook for the Mental Health Practitioner*. 2nd ed. New York: Springer, 1991.

Zall, D. "The Long-Term Effects of Childhood Bereavement: Impact, on Roles as Mothers." *Omega Journal of Death and Dying* (1994).

解説

著者のドナ・シャーマンはダギー・センターでおよそ二十年間、指導的地位にあった女性である。米国オレゴン州のポートランドにあるダギー・センターは、子どものグリーフケア、グリーフサポートを行う世界的に著名な施設だ。なお、「グリーフ」は死別が典型であるような重い悲しみを指し、「悲嘆」と訳すのがふつうである。

「ダギー」というのは、エリザベス・キューブラー=ロスがヴァージニア州に講演に行ったときに出会った、当時九歳の末期がんの少年の名前、ダグ・トゥルノに由来する。キューブラー=ロスの「死ほど大事なことはない」という講演録があり、そこにダギー少年との出会いとその後のやりとりのことが記されている（『「死ぬ瞬間」と死後の生』鈴木晶訳、中公文庫、二〇〇一年。原著 *Death is of Vital Importance*, 1995.）。

ダギーから届いた手紙には、「ロス先生、あとひとつ聞きたいことがあるの。生きるって何？　死ぬってどういうこと。それからどうして小さな子どもが死ななくちゃならないの。ダギーより」とあった。美しいイラストとともにキューブラー＝ロスがこれに応答した手紙には、「死とは蝶が繭から解き放たれるように、肉体を脱ぎ捨てて自由になり、神さまのお家に帰ること。ひとりぼっちにはぜったいにならず、大きな愛につつまれる」といった主旨の記述があり、後に『ダギーへの手紙』という書物になった（原著 *A Letter to a Child with Cancer*, 1979. 邦訳、佼成出版社刊、一九九八年）。

ダギーが十三歳で死んだのは一九八一年のことだ。その年、オレゴン州に治療に来たダギーの家族に、キューブラー＝ロスと親しい看護師のベバリー・チャペルが会った。死を強く意識しつつ他者への共感に満ちたダギーの眼差しに感銘を受けたチャペルは、翌年、悲嘆のなかにある子どものための非営利の民間団体を始めることになる。これがダギー・センターの始まりだ。

ダギー・センターでは家族が亡くなった経験をもつ子どもたちと、その保護者たちがサポートを受けている。子どもたちは十から十五人のグループに分かれ、ファシリテーターとよばれるボランティア五—六人と職員一人がサポートにあたっている。一日の体験入学を経てサポートを受けることになると、三—五歳、六—十二歳、十三—十八歳の年齢別に分けられ、自殺、殺人、事故、病気といった死因別にも分けられている。隔週ごとに一回の子どもの集いだが、保護者は別の部屋で語り合いをする。

日本からも研修に訪れる人が多く、現在、ダギー・センターに学んだグリーフサポートのグループが日本の各地で行われている。東京の小金井にあるエッグツリーハウスはその一つで、本書の「訳者あとがき」「エッグツリーハウスについて」にあるとおりだ。私が所長を務める上智大学グリーフケア研究所もダギー・センターで深められているような米国のグリーフケアの展開から多くを学んでいる。

本書はこのダギー・センターでの長年の経験を踏まえ、親と死別した子どものケアにあたる人（残された片親など）、また、子どものときに親と死別した経験のある人（青年、大人）の力になることを目指して書かれた書物である。そうした人たちには、全編が身近に感じられるはずだ。たとえば、三歳になる直前に母親が殺されたシャロンという女性の言葉は印象的だ。「私は大人の身体に閉じ込められた、悲嘆を抱えたままの子どもなんだと思います」（二〇六頁）。厳しい経験を経てきた語り手への想像力が求められる箇所である。

もっとも、年齢が高くなれば親との死別の経験は誰でももつことになる。また、親ではなくきょうだい（兄弟姉妹）や祖父母や友人など親しい人と死別した経験、ペットの死の経験などとなればすそ野は広くなる。死別による悲嘆の経験のある人なら誰でも身に覚えのある記述が随所に見られる書物となっている。広くグリーフケアの入門書とも言える内容だ。グリーフケアの有力な理論の紹介もなされ、発達心理学の理論との突き合わせもなされている。

著者自身の親との死別の経験を述べている箇所も印象的だ。父の死の直前に珍しい赤い小鳥が継母のすぐ近くにやってきて、継母のことをじっと見つめた後、飛び立っていった。継母はそれが父を逝かせてもよいと知らせるためにやってきた特別の使いだと信じたという（二九八―二九九頁）。これは「夢や象徴を通して親とつながる」という形で悲嘆を経過していくことの良い例としてあげられている。死者とのつながり（絆）を保ち続けることの大切さが示唆されている。

あたりまえのことだが、誰でも子どもだったときがある。子どもだったときに経験せざるをえなかったつらいことがあったのもふつうだろう。死別ではなくても片親との別れ、親からの冷たい仕打ちや親との深刻な対立、自分の、また家族の重い病気、災害や事故、転居による環境の急変等々、自ずから思い出されることがあるはずだ。そうした経験を思い起こし、人と分かち合ったことがあるだろうか。胸に閉じ込めたままではないだろうか。

自分なりにこれまでの人生を、とくにつらかったこと、思い出したくないようなことについて思い返し、今の自分のあり方を振り返る。それはグリーフ、悲嘆を軸にして、あたりまえになっている日常を見直すことでもある。弱さを通して、また思いやりを通して、家族や同僚、知人たちとのおたがいの関係を捉え直すことにもなるだろう。本書の学術的手法は臨床心理学と言えるだろうが、たいへん実際的な人生案内の書でもある。この書物がグリーフケア、グリーフサポートの現場から出たものであることがよくわかる。

実際的ということでは、いくつかの指標をあげて自己診断、自己回復の助けにするという手法が何度も用いられている。たとえば、第7章「子ども時代の親との死別はいまのあなたにどう影響しているか」では、「七つのリスク要因」があげられている。「自尊心の低さに苦しみやすかった」、「自分の運命は自分が握っていると感じる（内的統制感）よりも、自分の人生が運命、運などによって決められている（外的統制感）と信じやすかった」、「将来に対してより悲観的になるリスクが高かった」などである。

著者自身のうつ病からの回復の経験について述べているところも印象的である。「うつ病には学ぶべき何かがある」という。それは現実に困難な問題があることを教えてくれているから、「良いニュース」なのだ。そして、「起きた出来事にどんな意味を与え、何を選択するかが私たちの人生のあり方を決める」という考え方が正しいことを教えてくれるという（二五八―二五九頁）。少し難しいところだが、著者の深いレベルでの信念を踏まえた叙述だろう。

「親と死別した子どもたちへ」向けた書物であるのは確かだが、子どものときにそのような経験をしたことがない多くの読者も、思い当たる節を多々見出すことができる書物だ。子どもの心の痛みに関心がある方々、自分のなかの弱い子どもに関心がある方々、痛む心を胸に抱いた分かち合いに関心がある方々、現代人の孤独と悲嘆に関心がある方々、宗教と心の癒やし、ひいてはスピリチュアルケアに関心がある方々に広く読んでいただきたい書物である。

二〇一九年十二月十六日

島薗　進

訳者あとがき

本書『親と死別した子どもたちへ』は、一九八七年から二〇一六年までアメリカのダギー・センター（Dougy Center）でエグゼクティブ・ディレクターを務めていたドナ・シャーマン（Donna Schuurman）による著作 *“Never the Same”*（2003）の日本語訳版である。

同書を手にしたとき、この本を日本語で読めるようにしたいと強く思った。同書は、ドナ・シャーマンがダギー・センターで出会った、親と死別した子どもたち、若者、大人の話に基づき書かれたものである。また、同書はドナ・シャーマン自身の研究、およびこれまで積み重ねられてきた、死別体験後の子どもたちについての研究を網羅し検討して書かれている。

同書を読んでいると、二〇一四年に始まった私たちエッグツリーハウス（三三八頁参照）の活動で出会ってきた子どもや、若者や大人たちを一人ひとり思い出す。困難があるとしても人生を選択し幸せになれるという、ドナ・シャーマンのメッセージが伝わるであろう本書は、身近なひと、大切なひとと死別するという、人生における大きな出来事、衝撃を経験した子どもたちや若者にとってはもちろん、日本で死別後のグリーフケアを行う団体や個人にとっての羅針盤となるであろう。

二〇一六年、アメリカ、インディアナポリスで開かれた大会（National Alliance for Grieving Children）でドナ・シャーマンに日本語訳出版の希望を伝えたところ、ドナ・シャーマンから、日本語訳の妥当性が担保されることが必要と言われた。

そこで、エッグツリーハウスおよび協力者（左記）が訳したものにもとづいて、監訳を松下弓月が行い、監修を島薗進上智大学グリーフケア研究所所長にお願いし、日本語版として完成させた。

本書の翻訳および表記にあたり、以下の方々の協力を得た。ここに感謝したい。会田秀子、板垣香苗、井上富美子、榎本江美加、大島則子、尾本美由紀、加藤香恵、萱野俊一郎、春原健一、中川真知子、晴佐久和彦、松下未輝（五十音順で記載）。

親を亡くした子ども、または、かつて子どもであったあなたが本書を手に取り読むことで、気持ちが少し楽になったり、どの方向に進んでよいかについてヒントが得られることを願っている。

十数年前に交通事故で弟を亡くしたひとが私に話してくれた。家族を亡くすと、それからは周りにおいてけぼりにされる。周りのひとには時間が流れるが、自分は時間がそのときのままで、置いていかれるのだと。親を亡くした子どももそうではないだろうか。周りの子とは違った時間を生きることになる。

本来、人は幸せに生きるために生まれてきた。そして、子どもである／あったあなたは希望そのものである。家族を亡くす前に戻れなくても、あなたは幸せになれることを本書は示している。

二〇一七年十月十六日

一般社団法人エッグツリーハウス
プログラムディレクター　西尾温文

監訳者あとがき

本書は、Donna Schuurman, *Never the Same: Coming to Terms with the Death of a Parent*（New York: St. Martin's Press, 2004）の全訳である。翻訳作業に当たっては、二〇〇三年に同出版社から出たハードカバー版ではなく、入手しやすい右記のペーパーバック版を底本として用いた。

著者のドナ・シャーマンは、大切なひとを亡くしたひとを支えるグリーフケアの専門家として国際的に知られる人物で、アメリカのオレゴン州ポートランドにあるダギー・センターを拠点として、特に子どもや家族への支援を中心に約三十年にわたって活動してきた。活動の幅は大変広く、当事者への支援に加えて、その支援者の活動に役立つ情報やツールの提供、支援者養成のための教育や実践上の助言活動なども行っている。さらに書籍や冊子の出版、映像作品の制作にも精力的で、ダギー・センターでは書籍だけでも二十冊以上を手掛けてきた。そのうちの一冊である『大切な人を亡くした子どもたちを支える35の方法』は日本でも二〇〇五年に梨の木舎より出版されている（現在、絶版）。

本書はこれらの書籍のなかでも、ドナ・シャーマンがダギー・センターでの長年にわたる活動で得た洞察とともに、彼女自身が経験してきた父親との死別とその悲嘆を綴ったものであり、最も個人的で、最も重要な一冊と言えるだろう。

ドナ・シャーマンの日本との縁は少なくとも一九九九年まで遡る。阪神・淡路大震災から四年後、あしなが育英会はダギー・センターをモデルとして神戸市内に震災遺児の支援施設である神戸レインボーハウスを建設した。この年、一月九日に行われた竣工式にはドナ・シャーマンも出席し、協力関係を結ぶ調印式も執り行われた（神戸新聞による）。ドナ・シャーマンはそれ以降も数年おきの来日を続けており、ダギー・センターの紹介や日本での支援者の育成にも当たってきた。日本からダギー・センターを訪れるひとも多く、現在の日本での遺族支援においては、ひとつの重要な影響源となっていると言える。特に東日本大震災以降は毎年のように来日し、東北や東京で講演会やワークショップを開催してきた。

こうした長年にわたる日本でのドナ・シャーマンの活動の成果のひとつに、本書が新たに加わることができたことを喜びたい。本書をきっかけとしてさらに多くの方がドナ・シャーマンとダギー・センターの活動に触れていただけたらと願う。

ここで簡単に本書の翻訳の経緯を振り返っておきたい。本書の翻訳は、「訳者あとがき」でも触れられているように、訳者代表である西尾温文の発願により始まった。私自身が本書の翻訳プロジェクトに参加したのは二〇一六年の夏頃のことだ。当時、私は西尾が代表を務めるエッグツリーハウスでボランティアファシリテーターをしており、この話をいただいたのも新潟県にある苗場たまごの家でのグリーフケアキャンプに参加していたときだったように思う。思い返すに、このときに依頼された内容は簡単なものであり、まさかそこから実際に出版にこぎつけるまで三年半以上かかることになるとは思ってもいなかった。

エッグツリーハウスの活動で「ぽよん」と呼ばれている西尾は、その名が表す通り一見すると柔和で穏やかな人柄だが、同時に大変な情熱家で信念のひとでもある。本書の翻訳プロジェクトも西尾の地道でひたむきなリーダーシップがなければ、けっして出版までたどり着くことはなかったであろう。

本書の出版に関わる作業は、二〇一六年七月に出版社へのプレゼンテーションを行うための企画書づくりから始まった。まず最初に春原健一、榎本江美加、中川真知子、井上富美子、西尾らとともに本書各章の要約の作成にとりかかり、およそ二週間で予定通り本書の出版企画書が完成し、出版社と交渉を行うこととなった。しかし、苦労したのはここからであった。

本書の翻訳の改稿は大きいものだけでも三度にわたる。まずはじめに井上による最初の翻訳原稿が完成したのはこの二〇一六年末のこと。二〇一七年一月末には菅野俊一郎、会田秀子、尾本美由紀、大島則子、板垣香苗、西尾と私が加わり、井上の翻訳の改稿や再訳出を分担して行い第二稿を作成することとなった。この後、加藤香恵、松下未輝も一部作業に加わり、いったん翻訳作業が完了し第二稿が出来上がったときには、七月も終わろうという頃であった。

　私が監訳者として第三稿の改稿作業に取り掛かったのはそれから約一年が経過した二〇一八年七月のことだ。この間、出版に向けた準備が続けられ、その際に日本語としてさらに読みやすくするため、私が翻訳の全面的な改稿を行うこととなったのである。第三稿の作成に当たっては、第二稿を参照しつつも原著に立ち返りすべて新たに訳出しなおすところから始めた。第三稿の再訳出がすべて終わったのが二〇一九年二月のこと。その後、尾本、大島、西尾に協力を得ての読み合わせや訳註の作成作業も加わり、最終的に翻訳作業がすべて終わったのが二〇一九年も末のことであった。

　ここまで約三年半の道のりのあいだ、思いがけない形で結局は監訳を務めることとなった。本書の翻訳がより正確で読みやすいものとなるよう私自身でも力は尽くしたつもりではあるが、それもその間、協力を惜しまず同伴してくださったエッグツリーハウスの翻訳グループのメンバー、ぎりぎりまで原稿を待ちつつ細やかなご配慮をいただいた佼成出版社の大室英暁氏の存在あってのことである。心から御礼を申し上げたい。また、そのあいだ様々な形で私を支えてくれた妻をはじめとする家族にも、ささやかではあるがここで感謝を述べる。

　この本が、読者の皆様の人生をより良い方向へ近づける力となれば幸いである。

二〇二〇年初春

松下弓月

エッグツリーハウスについて

二〇一四年四月、たいせつなひと、身近なひとをなくした子どもと保護者のグリーフケアプログラム「たまごの時間」を東京都小金井市にある都立小金井公園そばのお堂を借りて始めた。当初はＮＰＯ法人遊学会が主催したが、二〇一四年十月に一般社団法人 The Egg Tree House（エッグツリーハウス）を設立し、それ以降の「たまごの時間」はエッグツリーハウスが主催している。

エッグツリーハウスは、二〇一二年三月のダギー・センター研修に参加した会田秀子（看護師）、小川有閑（僧侶）、西尾温文（心理士）の三人が構想した。日本には子どもたちの死別後の悲嘆感情のケアおよびサポートを行っている団体が、二〇一九年の時点でエッグツリーハウスも含め三十数団体あるが、いずれも一九八二年に設立されたダギー・センターをモデルにしている。

エッグツリーハウスのグリーフケアプログラム「たまごの時間」は、夏に行うグリーフケアキャンプを含め当初年に十二回行っていた。二〇一七年度から第四日曜日に加え、第二土曜日または第二日曜日にも行い、二〇一七年度は二十一回、二〇一八年度は十七回行った。二〇一四年四月から二〇一九年三月までの七十四回の参加延べ人数は、子ども三百九十九名、大人四百四十三名だった。参加者の死別要因は、病気（小児がん、悪性腫瘍、心疾患、脳血管障害）、自死だった。

また、エッグツリーハウスは十九歳以上の人が参加できる「たまごカフェ」を行っている。「たまごカフェ」の参加者の死別要因は、病気（悪性腫瘍、心疾患）、自死だった。

死別による悲嘆感情は、孤独感、孤立感、そして、安心感と安全感の喪失による不安感を特徴とする。死別の態様によっては遺された家族成員のトラウマとなることもある。

エッグツリーハウスは、二〇一九年六月、都立小金井公園そばに「たまごの家」を開設した。同じような体験をした子ども、若者、大人が安心して気持ちをシェアし、笑顔でいられる家を作りたい。

「たまごの家」が、元に戻ることができない不可逆的体験である死別を体験し、その後の悲嘆感情を抱えざるをえない子どもや、若者、大人たちにとって安心で安全にときを過ごせる「家」となり、みんなが未来を切り開き、新しい自分を作る場となることを願っている。

エッグツリーハウスは利益を追求する団体ではないことを明確にするために、一般社団法人から公益社団法人に変わる手続きを進めている。「たまごの家」は、訪れる人がおだやかに安心して過ごせるあたたかな家にしたいと思う。

二〇二〇年二月一日

一般社団法人エッグツリーハウス
代表理事　西尾温文

組織紹介

ダギー・センター（Dougy Center）

米国本土オレゴン州に1982年に設立された、死別体験後の子ども、若者、その保護者を対象としたグリーフケアのための民間施設である。創設者はベバリー・チャペル（Beverly Chappell, 愛称：ベブ）。ダギー・センターは、脳腫瘍のため13歳で亡くなった少年の愛称ダギーから名前をとっている。ダギー・センター入り口には、ベブとダギーについて次のように書かれている。「ダギーは9歳の時に脳腫瘍と診断された。彼は自分が死んでいくことを知っていて、入院している他の子と死についてよく話していた。看護師のベブ・チャペルはダギーがみんなと話をしているのを見て、子どもたちが自分たちの言葉で話をして、お互いに死を理解しようとしていることに気づいた。1982年にベブはダギーを讃えて、ダギー・センターを設立した。ダギーは13歳で亡くなったが、ダギー・センターで彼の名は永遠に記憶される。なぜなら、ダギーがいなければダギー・センターも存在しえなかったからだ」

ダギーは精神科医エリザベス・キューブラー＝ロスに手紙を書いた。「生命とは何？　死とは何？　どうして小さな子どもたちが死ななければならないの？」と尋ねる内容の手紙だった。そして、キューブラー＝ロスは少年に返事を書いた。その手紙は、“A Letter to a Child with Cancer”と言われ、日本でも『ダギーへの手紙』（佼成出版社、1998年）として出版されている。

ダギー・センターのプログラムは参加費は無料で、期間もそれぞれの子どもと家族に任されている。参加期間の平均は15–16ヶ月、数回で終わる子もいれば数年参加する子もいる。ダギー・センターは、その子にとって大切な人を亡くした後の悲嘆過程を尊重し、受け入れ、必要な回数はその子に任せている。2017年12月現在、ダギー・センターは、35歳までの500人とその家族300人にプログラムを提供し、8名のスタッフとボランティア200名による協働で運営されている。

https://www.dougy.org
help@dougy.org

著者略歴

ドナ・シャーマン（Donna Schuurman）

1954年8月1日生まれ。ドナ・シャーマン氏は、1990年にノーザンイリノイ大学（Northern Illinois University）にてカウンセリングを専攻し博士号を、また、ウィートン大学グラデュエイト・アドミッションズ（Wheaton Graduate School）にてコミュニケーションを学び修士号を取得している。

シャーマン氏は、死別後の悲嘆感情を抱える幼少期や10代の子どもたち、また、その家族のためのピアサポートプログラムを提供する世界ではじめての施設ダギー・センターのエグゼクティブディレクターを務めるほか、教育者、カウンセラー、死生学者の専門家が集まる、死生学とカウンセリング学会の理事会メンバーでもある。

シャーマン氏はダギー・センターのエグゼクティブディレクターを1987年から29年間務め、2016年には大切な人との死別を経験した子どもたちへのグリーフケアにおけるこれまでのダギー・センターの努力を、国内外へ広め伝える役割を担う上級ディレクターに就任した。

訳者（代表）略歴

西尾温文（にしお・あつふみ）

1954年秋田県生まれ。早稲田大学法学部卒業、立教大学大学院現代心理学研究科臨床心理学専攻博士後期課程単位取得満期退学。現在、順天堂大学医学部附属順天堂医院がん治療センター心理士、順天堂大学医学部緩和医療学研究室協力研究員、一般社団法人エッグツリーハウス代表理事、武蔵野カウンセリングルーム代表、上智大学グリーフケア研究所非常勤講師。公認心理師、臨床心理士。

監訳者略歴

松下弓月（まつした・ゆづき）

1980年東京都生まれ。真言宗僧侶。臨床心理士・公認心理師。国際基督教大学教養学部卒業。現在、福生山宝善院副住職、東京大学大学院教育学研究科臨床心理学コース博士後期課程在籍中。共愛学園前橋国際大学・多摩大学・神奈川県立衛生看護専門学校非常勤講師。専門は臨床心理学。共著に、『小さな心から抜け出す お坊さんの1日1分説法』（永岡書店、2013年）、『お坊さんはなぜ夜お寺を抜け出すのか？』（現代書館、2010年）など。

監修者略歴

島薗　進（しまぞの・すすむ）

1948年東京都生まれ。東京大学文学部卒業、東京大学大学院人文科学研究科宗教学宗教史学専攻博士課程単位取得。東京大学教授を経て現在、上智大学グリーフケア研究所所長、同大学院実践宗教学研究科委員長、東京大学名誉教授。専門は宗教学・宗教社会学・死生学。近著に『宗教ってなんだろう？』（平凡社、2017年）、『ともに悲嘆を生きる——グリーフケアの歴史と文化』（朝日選書、2019年）など。

親と死別した子どもたちへ

——ネバー・ザ・セイム 悲嘆と向き合い新しい自分になる——

2020年3月15日　初版第1刷発行

著　者　ドナ・シャーマン
訳　者　西尾温文 大島則子 尾本美由紀 他
監訳者　松下弓月
監修者　島薗　進
発行者　水野博文
発行所　株式会社佼成出版社
〒166-8535　東京都杉並区和田2-7-1
電話　(03) 5385-2317（編集）
(03) 5385-2323（販売）
URL　https://www.kosei-shuppan.co.jp/

印刷所　錦明印刷株式会社
製本所　株式会社若林製本工場

◎落丁本・乱丁本はお取り替えいたします。

ISBN978-4-333-02819-1　C0011